믿음의 여인들
HER NAME IS WOMAN: BELIEVERS AND LEARNERS

2

2015년 원서 개정에 따른 개정증보판입니다.

HER NAME IS WOMAN: BELIEVERS AND LEARNERS
by Gien Karssen

Originally published in the U.S.A. under the title
Her Name is Woman: Believers and Learners

Copyright ⓒ 1975, 1977, 2015 by Stichting Manninne.
Korean edition ⓒ 2017 by Word of Life Press, Korea with permission of NavPress.
All rights reserved.
Represented by Tyndale House Publishers, Inc.

Translated and published by permission.
Printed in Korea.

믿음의 여인들 2

ⓒ 생명의말씀사 1979, 1992, 2017

1979년 1월 20일 1판 1쇄 발행
1991년 1월 25일   10쇄 발행
1992년 6월 20일 2판 1쇄 발행
2010년 1월 25일   12쇄 발행
2017년 10월 12일 3판 1쇄 발행
2024년 10월 10일   4쇄 발행

펴낸이 l 김창영
펴낸곳 l 생명의말씀사

등록 l 1962. 1. 10. No.300-1962-1
주소 l 서울시 종로구 경희궁1길 6 (03176)
전화 l 02)738-6555(본사) · 02)3159-7979(영업)
팩스 l 02)739-3824(본사) · 080-022-8585(영업)

기획편집 l 임선희, 전보아
디자인 l 김혜진
인쇄 l 영진문원
제본 l 보경문화사

ISBN 978-89-04-11088-9 (04230)
ISBN 978-89-04-70039-4 (세트)

저작권자의 허락없이 이 책의 일부 또는 전체를
무단 복제, 전재, 발췌하면 저작권법에 의해 처벌을 받습니다.

HER NAME IS WOMAN: BELIEVERS AND LEARNERS

기엔 카젠 지음 / 양은순 옮김

성경 속 여인들의 신앙과 삶

믿음의 여인들

2

추천사

기엔 카젠은 스토리텔러다. 성경에 나오는 여성들에 관한 연구가 많이 있지만, 나는 아직까지 이 책보다 더 실제적으로 다룬 것을 읽어본 적이 없다.

우리가 성경 속 여인들의 행동과 삶의 영향을 살펴볼 때, 기엔은 그들이 정말로 살아있는 것처럼 느끼도록 만들어주고, 독자들이 오늘날에 맞추어 적용할 수 있도록 돕는다.

그녀는 내가 아는 한 젊은이들의 성경공부를 가장 잘 인도하고 훈련시키는 사람이며, 하나님의 말씀이 매일매일의 삶에 영향을 미치게 한다.

이 책이 많은 열매를 맺는 하나의 씨앗이 되기를 기도드린다.

_ **코리 텐 붐**(Corrie Ten Boom), 『주는 나의 피난처』 저자

성경 속 여인들은 까마득한 역사 속 인물이지만 우리는 그들에 대해 읽으며 많은 것을 배우고 있다. 그런데 이 책에서 그 여인들이 갑자기 살아났다. 나는 기엔 카젠의 세심한 연구와 거룩한 상상력, 그리고 작가로서의 탁월함 덕분에 그 여인들과 그들이 처한 상황을 잘 이해하게 되었다. 당시의 관습을 알게 될수록 우리는 그들이 왜 그렇게 행동했는지 더 잘 이해하게 된다.

시대를 막론하고 하나님의 여인들은 세상이 알기 어려운 자유, 즉 하나님이 원하시는 사람이 되고 그런 사람만이 행동할 수 있는 자유를 누렸다는 흥미로운 사실을 본다. 당신도 이 책에서 그런 흥미와 교훈을 얻게 될 것이다.

_ **루스 그레이엄**(Ruth Bell Graham), 빌리 그레이엄 목사의 아내

추천사 / 4
서문 / 8
이 책의 활용법 / 12

01 하와   모든 산 자의 어미 / 19

02 사라   명예로운 이름으로 기록된 여인 / 31

03 리브가   엄청난 잠재력을 지녔지만 하나님보다 앞서 행한 여인 / 45

04 레아   불행한 결혼으로 하나님의 축복을 남긴 여인 / 63

05 디나   호기심으로 범죄와 슬픔을 가져온 소녀 / 75

06 다말   자기 권리를 옹호한, 버림받은 여인 / 83

07 나오미   다른 사람의 안녕을 염려했던 미망인 / 97

08 밧세바   하나님을 욕되게 하는 것을 막지 못한 여인 / 109

09 사르밧 과부   믿음의 도전을 받아들인 여인 / 117

10 베다니의 마르다   우선순위의 중요성을 깨달은 여인 / 125

11 사마리아 여인   예수님께 "예."라고 대답한 여인 / 135

12 살로메   자녀들에게 가장 좋은 것을 구한다고 생각했던 여인 / 145

CONTENTS

HER NAME IS WOMAN: BELIEVERS AND LEARNERS

13	요게벳	슬픔을 믿음으로 바꾼 여인	/ 157
14	한나	기도의 능력을 믿은 여인	/ 171
15	라합	믿음의 영웅들의 대열에 낀 기생	/ 183
16	유대인 여종	하나님에 대해 이야기한 소녀	/ 191
17	룻	충성심이 두드러진 여인	/ 197
18	마리아	가장 큰 특권을 누린 여인	/ 211
19	엘리사벳	강한 성품을 가진 여인	/ 229
20	안나	상심했지만 꺾이지 않은 여인	/ 239
21	가난한 과부	믿음으로 재물을 다룬 여인	/ 247
22	예루살렘의 마리아	가정이 하나님의 집 역할을 하게 한 여인	/ 253
23	다비다	하나님을 사랑한 여인	/ 263
24	로이스와 유니게	하나님 말씀의 능력을 확신했던 여인들	/ 271

서문

랄프 에머슨은 "나는 특정 부분에서 나보다 뛰어나지 않은 사람을 본 적이 없다"고 했다. 그의 말처럼 누구를 만나든 모든 상황 모든 대화에서 우리가 배우려고만 하면, 그들은 우리에게 무언가를 가르쳐 준다. 우리가 지식과 지혜, 총명 면에서 자랄 수 있는 기회는 수없이 많다. 성경 또한 그렇게 하라고 명령한다. 우리는 계명을 배우고, 주님 사랑하는 법을 배우고, 주님 경외하기를 배우고, 의와 공의를 행하고, 그것을 추구하는 법을 배우고, 만족하는 비결을 배우고, 우리 몸을 다스리는 법을 배워야 한다고 들어왔다. 히브리서에 따르면 예수님도 "순종을 배우셨다"(히 5:8). 이것은 평생 배우는 사람이 되라는 성경의 많은 가르침 중 한 예에 불과하다.

우리가 하나님에 대해 새로운 것을 배우면, 우리가 얼마나 더 많이 배워야 하는지를 보여주는 창이 열린다. 우리가 배우지 않는 이유는 지혜롭지 못해서가 아니라 지혜롭기 때문이다. 그러나 배움은 우리 자신을 더 나은 사람으로 만드는 것이 아니라 하나님을 더 잘 아는 것이다.

에머슨처럼 우리도 성경의 여인들에게서 많은 것을 배울 수 있다. 심지어 엉망진창이고 비참한 삶을 산 사람들에게서도 배울 수 있다. 하와는 정체성과 목적을 배웠고, 사라는 하나님의 섭리와 주권을, 리브가는 하나님의 완벽한 타이밍을 기다리지 않을 때의 비참한 결과를 배웠다. 밧세바의 이야기를 읽으면 하나님의 넘치는 은혜에 당황하게 된다. 사르밧 과부의 이야기를 읽을 땐 믿음은 마음 자세가 아니라 일련의 행동이라는 것을 배운다. 다말과 나오미의 이야기는 언제든지 구속을 찾을 수 있음을(먼 미래에서 우리를 기다리고 있을지 모르지만) 보여준다. 이런 여인들은 믿음이 우리를 저버리는 것 같을 때에도 믿음을 굳게 지켜야 하며, 또 삶의 시험을 견디는 믿음을 가져야 함을 가르쳐준다.

예수님은 이야기로 제자들을 가르치셨는데 기엔 카젠도 그렇게 한다. 그녀는 잘 아는 이야기를 다루면서도 주인공들에게 초점을 맞추어 우리가 그들을 더 잘 이해하게 한다. 또한 그녀는 이 여인들이 겪은 갈등과 선택, 계시, 승리와 실패, 감격과 절망을 조명해준다. 하나님께서 그들이 기대하던 길을 열어주셨을 때, 그리고 하나님께서 눈에 보이지 않고 침묵하실 때 그들이 어떻게 반응했는지 알 수 있는 창을 열어준다. 우리는 그들의 성공과 실수에서 배운다. 비록 수천 년, 수천 킬로미터 떨어져 있지만 그들은 우리와 다른 사람이 아니다. 그들에게서 우리는 소중한 교훈을 배울 수 있다.

_ 히더 젬펠(Heather Zempel), 제자훈련 목사

당신은 어떻게 알려지길 바라는가? 이 세상의 삶을 마칠 때 꼭 남겨주고 싶은 유산은 무엇인가? '당신은 하나님을 첫째로, 그리고 최고로 사랑한 사람이며, 그분의 사랑을 만나는 모든 사람에게 전했다'는 것이 그 대답 아닌가? 이 책에서 만나게 될 여인들도 그랬다. 그들의 이야기는 우리에게 무엇이 가능한지 깨우쳐주는 고무적인 것만이 아니다. 그들의 삶은 우리 자신의 삶과 우리의 좋으신 하나님의 신실함에 대해 이해하게 해준다.

책 속의 여인들도 우리처럼 타락한 세상에서 살았다. 그들에게도 하나님이 아득히 멀리 계셔서 무관심하거나 다른 데 마음을 두고 계시는 것처럼 느껴질 때가 많았다. 하나님이 침묵하시는 것 같을 때, 계속 하나님의 선하심을 믿고, 믿음으로 구하며 기도하고 예배하기는 어렵다. 나 역시 마찬가지다. 당신도 그러할 것이다. 하나님은 이것을 아신다. 그분은 우리의 믿음이 종종 시험을 받는다는 것을 아신다. 그리고 어려운 시기를 거침으로써 우리가 그분을 더 깊이 알고, 더욱 전심으로 그분을 사랑하게 된다는 것 역시 아신다.

이천 년 전 회당장 야이로에게 "두려워하지 말고 믿기만 하라"(눅 8:50)고 하신 예수님은 오늘날 우리에게도 그 말씀을 하신다. 당신의 여건이나 내면 상태가 어떠하든, 예수님은 "나를 찾으라. 나와 동행하며 계속 전진하라. 두려움이나 실패를 보지 말고 나를 바라보라"고 하신다. 그리고 "믿는 자에게는 능치 못한 것이 없다"고 하신다.

사랑하는 자매여, 그분의 말씀은 단순히 그분을 믿고 그분의 사랑을 의지하라는 것이다.

히브리서 11장 6절은 다음과 같다. "믿음이 없이는 하나님을 기쁘시게 하지 못하나니 하나님께 나아가는 자는 반드시 그가 계신 것과 또한 그가 자기를 찾는 자들에게 상 주시는 이심을 믿어야 할지니라." 우리는 믿는 사람이다. 우리가 하나님께 나아가는 것은 그분이 계신다는 것과 우리에게 그분이 필요하다는 것, 그리고 그분이 좋으신 분이라는 것을 믿기 때문이다. 성경은 우리가 그분을 구하면 찾게 될 것이라고 약속한다. 그분을 찾는 것이 가장 놀라운 상급이다.

예수님은 모든 일을 하셨다. 당신을 구하기 위해 모든 것을 지불하셨고 모든 것을 되찾으셨다. 그분은 당신을 헤아릴 수 없을 만큼 고귀하게 여기신다. 우리에게 그분을 믿고 신뢰하며 찾으라고 하신다. 당신이 원하는 모든 것, 심지어 유산을 구해도 된다. 이 책에서 공부하게 될 여인들의 하나님은 변하지 않았다. 그분은 창세전부터 당신을 사랑하신다. 두려워하지 말라. 믿기만 하라.

_ 스테이시 엘드리지(Stasi Eldredge), 작가

이 책의 활용법

의미 있는 삶을 원하는가? 온전한 성취를 원하는가? 이런 선천적인 내면의 소원은 하나님이 창조 때 여인에게 주신 사명에서 비롯된다. 하나님은 남자와 동등한 짝인 여자가 자신의 소명을 따르기 원하신다. 따라서 여인의 영성은 매우 중요하다.

이 책에 나오는 여인들은 가공의 인물이 아니라 실제 인물이다. 그들은 역사 속에 살았고, 오늘날에도 그들의 욕망과 문제, 소원과 야망으로 우리 가운데 살고 있다. 성경은 그들의 이야기 전체를 다루지 않지만, 나는 상상력을 동원하여 그들이 하나님께서 두신 장소와 시간 속에서 어떻게 행동하고 생각했는지를 탐구했다. 물론 이것은 당신이 그들의 여정을 이해하는 데 도움이 되길 바라서였다.

이 책에 나오는 여인들을 배우며 반드시 염두에 두어야 할 질문은 '그녀의 삶 속에서 하나님이 어떤 위치를 차지하고 계시는가?'다. 이 질문에 대한 답이 그 여인의 행복과 사명, 계속 전진하려는 동기 등을 결정한다. 만일 하나님이 없다면, 혹은 하나님께 마땅한 자리를 드리지 않는다면, 그 삶은 진정한 목적이 없고, 바른 관점도 없다.

이 책을 읽는 동안 성경 속 여인들과 함께 하나님을 향한 당신의 태도를 살펴보기 바란다. 또한 이 여인들을 잘 알게 됨으로써 하나님의 말씀을 새롭게 깨닫게 되기를 바란다.

이 여인들과의 만남으로 인해 당신은 예상치 못했던 선물을 얻게 될 것이며, 그들의 경험을 깊이 공감하게 될 것이다. 당신이 그들을 통해 하나님과 다른 사람들과의 관계에서 더 풍성하고 행복하게 사는 길을 볼 수 있게 되기를 기도한다.

두 가지 접근법

이 책을 읽는 방법은 두 가지다. 첫째, 그냥 읽는 것이다. 여기에 실린 이야기들은 독자가 여인들의 삶 속으로 깊이 파고들게 한다. 무엇보다 각 장 도입부에 나오는 성경본문을 건너뛰지 말고 반드시 읽기 바란다. 그 성경본문은 책의 중요한 부분이며 각 장을 이해하는 데 반드시 필요하다. 둘째, 소그룹에서 함께 읽고 토의할 수 있다. 다른 사람들과 함께 이 책의 주제와 질문들을 살펴본다면 연구의 깊이와 통찰이 더해질 것이다.

곳곳에 삽입된 관련 성경구절들은 성경의 진리와 지혜를 더 깊이 연구하는 데 도움을 줄 것이다. 각 장에 있는 질문들을 혼자서 답할 수도 있고, 그룹으로 토의할 수도 있다. 또한 이 여인들을 대상으로 제목별 성경공부를 하거나 주제를 놓고 연구를 할 수도 있다. 어떤 방법을 택하든 다른 사람들과 함께 이 여인들에 대해 토의한다면 더욱 풍성해질 것이고, 개인적으로 준비한 후에 소그룹 모임에 참여하면 더욱 그러할 것이다. 혼자서 공부하든 그룹으로 공부하든, 반드시 노트를 준비하여 질문에 대한 생각이나 공부 중에 하나님께서 마음에 떠올려주신 것들을 기록하기 바란다.

그룹 성경공부를 위한 제안

1. 소그룹은 6–10명 정도로 시작한다. 이 정도 인원이면 토의가 활발하게 이루어지면서도 각 개인이 참여할 수 있다. 인원이 늘어나면 그룹을 새로 만든다.
2. 모임을 시작하기 전에 얼마나 자주 모일 것인지 결정한다. 대부분의 사람들은 새로운 일이 무기한으로 연장되는 것을 꺼린다. 주 1회 모임으로 한 주에 한 장, 혹은 한 주에 두 장씩 공부하면 될 것이다. 어떤 장은 길어서 많은 시간이 소요되고, 어떤 장은 짧아서 두 장을 합칠 수도 있을 것이다. 질문의 수는 그 장의 길이에 따라 달라진다는 것을 염두에 두라. 순서를 어떻게 하면 좋을지는 그룹에서 논의하면 된다.
3. 성경공부 그룹은 성경을 중심으로 토의해야 한다는 것을 명심하라. 이 책에 있는 질문 대부분은 개인의 신앙 여정을 점검하는 데 도움을 주는 것이다. 모든 과정에 성경구절이 제시되어 있으므로 토의 때 반드시 성경을 참고해야 한다. 참여하는 사람

각자가 집에서 미리 공부한 뒤 자신이 발견한 것을 나누도록 해야 한다.

4. 배운 교훈을 삶에 적용할 것을 강조하고 그렇게 하도록 서로 도와주어야 한다. 지식을 늘리는 것보다 영적으로 성장하는 것이 훨씬 더 중요하다. '배운 것이 어떻게 삶을 변화시키게 할까?'라는 질문이 모든 참여자 스스로에게 던지는 질문이 되어야 한다.

5. 모임을 시작하기 전에 결석하지 않기로 결단한다. 절대로 참석할 수 없는 경우가 아니면 빠지지 않아야 한다. 혹시 참석하지 못할 경우에는 어떻게든 그 내용을 보충하여 다음 모임에 대비하도록 한다.

6. 자신이 그룹의 한 멤버라고 생각해야 하고 그룹을 위해 자발적으로 기여하도록 한다. 경험 부족이 토의에 참여하는 데 방해가 되어서는 안 된다. 반대로 그룹을 지배하려는 유혹에 빠져도 안 된다.

소그룹 인도자를 위한 제안

- 충분한 시간을 들여 개인적으로 먼저 공부를 끝내야 한다.
- 미리 준비한 후 모임에 참여하고, 강조할 사항을 노트에 정리한다.

- 정한 시각에 시작하고 마친다. 특히 첫 모임 때는 신속하게 시작하여 분위기를 조성한다.
- 종종 정상에 오르기를 즐기는 등산가들이 있다. 이런 멤버는 오르는 즐거움을 누리도록 놓아두고, 그룹의 모든 멤버가 골고루 참여할 수 있도록 토의를 인도해야 한다.
- 한 사람이 대화를 주도하도록 방치하지 않고, 모든 사람이 말할 기회를 갖도록 부드럽게 인도한다. 말을 너무 많이 하는 사람은 따로 불러서 그룹의 필요성을 설명해야 할 수도 있다. 반대로 가만히 있기를 좋아하는 사람에게는 구체적인 질문을 던져 참여할 기회를 주어야 한다.
- 각 장에 나오는 질문을 기본으로 하되, 그룹이 특별히 공감하는 주제가 있다면 그것에 집중해도 된다. 그러나 주제에서 지나치게 벗어나지 않아야 하며, 특정 질문에 너무 많은 시간이 소요되거나 전체 흐름을 벗어난다면 대화를 다시 주제로 되돌려야 한다. 대화가 주제를 벗어나려 할 때 "이것에 대해서는 끝난 후에 이야기하면 좋겠습니다." 혹은 "주제로 다시 돌아갑시다."라고 부드럽게 말하며 본래 주제로 돌아가도록 한다.
- 모임은 기도로 시작한다. 그리스도께서 말씀을 통해 각자에게

말씀해주시기를 기도하고, 끝마칠 때는 자신과 그룹 멤버 모두를 위해 기도한다. 인도자는 늘 다른 사람들의 필요에 민감하게 해주시기를 기도해야 한다.

HER NAME IS WOMAN: BELIEVERS AND LEARNERS

01

하와

모든 산 자의 어미
(창 1:27-28, 2:18, 20-25, 3:1-20)

> 여자는 아담의 옆구리 갈비뼈로 만들어졌다.
> 남자를 지배하도록 그의 머리로 만들어지지 않았으며,
> 남자에게 짓밟히도록 발로도 만들어지지 않았다.
> 여자는 남자와 동등하도록 그의 옆구리에서, 그의 보호를 받도록 그의 팔 밑에서,
> 그리고 사랑을 받도록 그의 심장 근처에서 만들어졌다.
> _ 매튜 헨리(Matthew Henry)

그녀는 눈에 보이는 모든 것에 사로잡혀 있었다. 그녀 주위의 모든 것이 완전했다. 그녀가 보는 자연은 새롭고 신선했다. 그녀가 들이마시는 공기는 깨끗하고 오염되지 않은 것이었다. 그녀가 마시는 물은 맑고 반짝였다. 모든 동물이 다른 동물들과 조화를 이루며 살았다.

그녀의 결혼도 완벽했다. 하나님, 그리고 남편과의 교제는 매일의 즐거움이었다. 하와는 사람들이 바라는 모든 것을 가지고 있었다.

그러던 어느 날 동산에서 그녀에게 한 음성이 들렸다. "하나님이 참으로 너희더러 동산 모든 나무의 실과를 먹지 말라 하시더냐?"

그녀는 의아했다. '왜, 나는 동산 중앙에 있는 나무가 특별히 아름답다는 것을 지금까지 눈여겨보지 않았을까? 그리고 왜 갑자기 나

의 모든 행복이 그 나무의 실과를 먹는 것에 달려있는 것처럼 느껴질까? 그렇게 탐나는 것을 먹는 것은 좋은 일일 수밖에 없는데….'

> 당신의 행복이 오직 하나님께 달려있는 것이 아니라
> 다른 것에 좌우되는 것처럼 느껴진 때를 생각해보라.
> 그 유혹에 어떻게 대응했는가?

그녀는 자기가 속고 있다는 것을 알아채지 못했다. 하나님의 말씀이 왜곡되었고, 그분의 사랑도 의심되었다.

하와는 자기와 이야기하고 있는 자가 변장한 사탄이라는 것을 알지 못했다(고후 11:14; 계 20:2). 사탄은 처음부터 거짓말쟁이며 살인자였고(요 8:44) 사람들을 속이는 자였다(벧전 5:8). 그는 하나님의 말씀을 정확하게 인용하지 않고, 자기 자신의 말을 사용했다(창 2:16-17).

사탄이 하나님의 말씀을 공격했을 때, 하와는 그의 말에 귀를 기울이지 않는다는 경고를 주어야 했다. 그 상황에서는 유혹을 피할 수 있었다(약 4:7). 그녀가 비록 위험한 위치에 있기는 했지만, 유혹을 이길 수 있는 의지를 지니고 창조되었기 때문이다. 공연히 사탄에게 귀를 기울여 자신을 속일 기회를 줄 필요가 없었다(엡 4:27). 선택의 여지가 있었다. 그러나 불행하게도 그녀는 사탄에게 귀를 기울였다. 더 나쁜 일은 그에게 대답을 했다는 것이다. 그것이 그녀가 타락하게 된 시작이었다.

사탄과 마찬가지로 하와는 하나님의 말씀을 왜곡했다. 그녀는 하나님께서 무엇이든 만지는 것에 대해서는 아무 말씀을 하지 않았는데도 하나님의 말씀에 "만지지도 말라"는 말을 덧붙였다. 그리고 "죽을까 하노라"라는 말로 "정녕 죽으리라." 하신 하나님의 **단호한** 말씀을 약화시켰다.

하나님의 말씀을 변경하거나 약화시켜서
당신 개인의 욕구에 맞추는 죄를 지은 적이 있는가?
그런 행동이 개인의 마음과 동기에 대해 무엇을 보여주는가?

사탄의 첫 공격은 성공적이었다. 하와는 그의 말에 기꺼이 귀를 기울였으며, 그와 잠시 머물면서 시간을 보냈다. 이것이 그를 더욱 대담하게 만들었다. 그는 뻔뻔하게도 하나님을 거짓말쟁이라고 불렀다. 하나님께서 인간을 지배하고 인간의 행복을 빼앗기 원하는 자라고 표현했다.

"죽는다고?" 그는 조롱했다. "결코 죽지 않을 것이다. 네가 기대하는 것보다 훨씬 더 행복해질 것이다. 너는 하나님과 같이 될 것이다." 그는 그녀를 자립하라고 부추기며 계속 유혹했다. 불순종하라는 그의 유혹은 하와에게 치명적이었다. 그녀가 사탄과 논쟁할 시간을 내었을 때, 저항은 이미 깨져버렸다. 그녀는 팔을 뻗어서 자기가 마음속으로 바라던 열매를 땄다.

거기서 사탄을 멈추게 할 수도 없었다. 속이는 자의 그물에 단단히 걸려든 그녀는 그 속에서 빠져나올 수 없었다. 결국 그녀는 그 실과를 먹었다. 하지만 문제는 거기서 끝나지 않았다. 속임을 당한 여자는 거꾸로 속이는 자가 되었다. 하와는 자기 남편을 끌어들였다. 그 또한 저항 없이 그녀에게서 실과를 받아먹었다.

죄를 선택함으로써 다른 사람에게 영향을 끼친 일을 생각해보라.
그 일로 무엇을 배웠는가?

그 순간 그녀의 삶이 변했다. 하나님의 창조는 이상적이었다. 너무도 완전해서 그분께 만족스러웠고(창 1:10, 12, 18, 21, 25), 창조의 행위를 마치실 때마다 그 사실을 강조하셨다.

그러나 빠진 것이 하나 있었다. "사람이 혼자 사는 것이 좋지 아니하니 내가 그를 위하여 돕는 배필을 지으리라." 여호와 하나님께서 말씀하셨다. 결국 남자와 여자를 다 창조하신 뒤 하나님의 일이 완성되었고 보기에 심히 좋았다(창 1:31).

하와는 하나님의 손으로 빚어진 피조물이다. 그녀는 남편과 동등하게 창조되었다. 그들의 유일한 차이점은 성(性)이었다. 그녀는 특별한 존재였다.

인간으로서 그녀는 아담처럼 이성과 이해력을 부여받았다. 때문에 그녀는 그의 대화 상대였다. 아담과 마찬가지로 그녀는 창조주이신 하나님과 개인적인 관계를 가지고 있었으며, 그분께 순종해야 했다. 하나님께서는 아담과 하와에게 똑같은 일을 감당할 책임을 주셨다. 자신에게 주어진 독특한 방법으로, 그녀는 땅에 충만하고 땅을 정복하는 일을 도와야 했다. 그녀는 남편과 특별한 관계였다. 그녀는 남편과 삶을 나누었고, 남편을 완성시켜 주었다. 그녀의 신체 구조는 그와 조화를 이루도록 만들어졌으므로 "번성하라"는 하나님의 명령을 함께 수행할 수 있었다.

아담보다 나중에 완성되었지만, 하와는 '뒤늦게 고려된 사람'이 아니었다. 그녀는 아담과 마찬가지로 하나님의 창조 계획의 일부였다. 그녀는 아담 없이 제 역할을 수행할 수 없었고, 아담도 그녀 없이는 아무것도 할 수 없었다(고전 11:11-12).

아담과 하와는 남편과 아내로서 새로운 핵, 즉 한 부부를 형성했다. 이 부부는 그 자체의 인격에 의해서 특징지어졌다. 그것은 두 개인의 합이 아니었다. 그 자체로 새로운 본질을 지니고 있었다. 결혼한 배우자는 완전한 조화 속에서 함께 살아야 한다는 것이 하나님의 계획이다. 그들은 서로에게 편안함을 느끼며, 상호 간의 사랑과 존경으로 하나가 되었다(엡 5:21).

사탄과의 대화를 마친 뒤, 하와는 자신이 얼마나 비참하게 속았는지 깨달았다. 그녀는 먼저 아담과의 관계에서 이것을 알아차렸다. 그들은 언제나 하나님께서 창조하신 대로 서로에게 편안함을 느꼈다. 그런데 갑자기 부끄러워하며 서로에게 무방비 상태가 되었다. 그들의 순수함에 대한 방패가 사라졌다. 더 이상 자유롭고 편안한 관계로 있을 수 없었다.

그래서 서로 숨기기 시작했다. 그들은 자신들이 벌거벗고 있다는 것, 하나님 앞에 벌거벗고 있었다는 것을 발견했다. 그들의 순결함이 사라졌고, 죄 없는 성품도 파괴되었다. 하나님과의 친밀한 관계도 깨져버렸다. 사탄이 약속한 것처럼 하나님과 같이 되는 대신, 그들은 하나님을 두려워하게 되었고 하나님으로부터 도망가게 되었다.

타락의 결과로 대인관계에서 거듭 발생하는 문제를 말해보라.
그리스도께서 당신의 죄를 대신하여 죽으신 일이
이 문제를 어떻게 해결하는가?

그러자 하나님께서 이 절망적인 상황에 들어오셔서 그들을 돌보기 시작하셨다. 하나님은 정죄가 아닌 질문으로 말씀하셨다. 그들 스스로 죄를 인정할 기회를 주셨지만, 그들은 그 기회를 잡지 못했다.

하나님은 가정의 머리(롬 5:12, 14)인 아담에게 책임을 물으셨다. 아담은 그 자리에 있었으면서도 하와가 죄 짓는 것을 막지 않았다. 오히려 그는 하와에게 동조했다. 그런데도 그는 하와를 탓했다. "하나님이 주셔서 나와 함께 있게 하신 여자…." 아담의 말은 마치 그에게 하와를 주신 하나님을 탓하는 것처럼 들렸다.

하와 역시 남에게 죄를 전가시켰다. 그녀가 만약 정직했다면 자기 스스로 사탄의 제안을 받아들였다는 사실을 인정했을 것이다. 하지만 그녀는 뱀을 탓했다.

뱀이 그녀를 유혹한 것은 사실이지만 그녀 자신의 자유 의지로 죄를 지었다. 하나님을 사랑하며 자발적으로 순종해야 하는 인간으로서, 그녀에게 제시된 시험에 실패했다.

자신의 죄에 대한 책임을 감당하지 않는 부분은 무엇인가?
궁극적으로 당신이 선택한 일인데
다른 사람에게 책임을 떠넘긴 적이 있는가?
그런 상황에서 당신의 관점과 자세를 바꿀 수 있는 방법은 무엇인가?

그 뒤에 따르는 하나님의 심판은 그녀에게 자기 행동으로 인한 파국적인 결과를 드러냈다. 아름다운 에덴동산뿐 아니라 전 세계가 저주를 받았다. 잡초조차 없었던 땅이 가시와 엉겅퀴를 내게 되었다. 동물들도 저주를 받았다. 아담과 하와가 함께 다스렸던 동물 왕국의 고요함이 사라졌다. 늑대와 양은 더 이상 같이 평화롭게 지내지 못하게 되었다. 강한 자가 약한 자를 지배하게 되었다. 그들이 영원토록 행복하게 살 수 있었던 아름다운 낙원은 한 번의 돌이킬 수 없는 실수로 실낙원이 되고 말았다. 그들은 빨리 떠나야 했기 때문에 생명나무 실과를 먹지 못했고, 영원히 죄 있는 인간으로 살 수밖에 없었다(창 3:22-23).

하나님의 창조를 완성시켰던 하와, 지상에 있는 행복을 연결하는 마지막 고리였던 그녀는 불순종으로 그 행복을 던져버리고 말았다. 어머니가 되는 기쁨은 고통과 어려움으로 감소하게 될 것이다. 지배에 대한 고통이 그녀와 남편의 관계에 영향을 줄 것이다. 죄로 인해, 이제 남편은 그녀를 지배하게 될 것이다.

아담과 하와가 에덴동산에서 죄를 지은 즉시 죽지는 않았지만, 그 결과로 죽음이 설정되었다. 그들은 이제 죽음을 면치 못하는 인간이 되었다.

그러나 자연적인 죽음보다 하나님으로부터 분리되는 영적 죽음의 공허가 더 컸다(창 2:17; 엡 2:1). 하와는 이것을 그녀의 가장 깊은 자아로 무엇보다 고통스럽게 경험했다.

당신이 그리스도를 따르는 사람이라면
더 이상 하나님과 분리되어 있지 않다.
하지만 우리는 종종 죄를 짓고 하나님을 피하여 숨는다.
물론 그때도 하나님은 우리와 가까이하기 원하신다.
죄 때문에 관계가 멀어진 적이 있는가? 그 경험에서 무엇을 배웠는가?

하와는 외로웠고, 아기를 낳는 동안 고통을 경험했다. 이 땅 최초의 여인이었던 그녀는 자기의 느낌을 나눌 수 있는 어머니도, 언니도, 친구도 없었다. 충고를 받으러 찾아갈 사람도 없었고, 해산을 도와줄 다른 여자도 없었다. 더욱이 어린아이였던 적이 없는 그녀가 어머니가 된다니 얼마나 생소한 경험인가! 어린아이를 어떻게 키워야 할지 모르는 절박한 상황에서 하와는 다시 하나님을 의지했다. 그녀는 "내가 여호와로 말미암아 득남하였다"(창 4:1)고 말했고, 아기 가인을 보고 미소 지었다.

그녀와 아담만 벌을 받은 것이 아니었다. 사탄이 받은 벌은 훨씬 더 컸다. 그는 하와의 자손이 낳을 임마누엘이라는 이름(사 7:14)을 가진 분에 의해 멸망하게 된다는 말을 들었다. 하와는 자기 품에 안겨 있는 아기가 그 약속된 메시아일 것을 바라며 기대했을까?

하와는 살아있는 믿음, 하나님께로 돌아갈 수 없을 만큼 깊이 가라앉지 않는 믿음의 증거였다. 그리고 하나님께서는 죄의 크기에 상관없이 새로운 가능성을 주신다는 소망이었다.

> 로마서 5장 3-4절을 읽고
> 하나님이 우리에게 희망을 주시는 방법을 생각해보라.
> 당신의 죄에 대한 하나님의 반응이 희망을 주는가?
> 하나님과 동행하면서 당신의 희망도 커졌는가?

하와는 가인이 자신의 둘째 아들을 죽였을 때 상심했다. 그녀는 자기가 이 세상에 죄 있는 자를 낳았다는 사실을 깨달았다. 그는 살인자였다. 동산에서 그녀가 저질렀던 끔찍한 행동의 여파가 더 강하고 분명하게 다가왔다.

그녀는 영적 죽음과 육체적인 죽음을 아담에게 전해주었고, 아담은 태어나는 모든 사람에게 그것을 전해주었다(롬 3:10-12, 23, 6:23). 이제는 어느 누구도 한때 그녀가 살았던 것처럼 무죄함 속에서 살지 못할 것이다. 태어나는 자 모두 자신의 선택과 내적 충동으로 죄를 지을 것이다. 모두가 선과 악 사이의 그치지 않는 싸움에 직면할 것이다. 모두가 죄로 말미암아 하나님으로부터 분리될 것이다. 아무 예외도 없을 것이다.

계속해서 사탄은 인간을 유혹하기 위해 그의 욕망을 충동질한다. 사람이 자기 욕망에 굴복할 때마다 죄와 사망이 살아난다(약 1:14-15). 모든 세대에 걸쳐, 눈에 보이는 것을 갖고 자만심을 충족시키려는 욕망에 의해 하와처럼 행동하는 사람들이 나타날 것이다(요일 2:16).

사탄은 하와에게 한 것과 똑같이 모든 사람이 하나님을 대적하게 만들려고 애쓴다. 자기처럼 사람들이 교만으로 타락하도록 만들기 위해 반항심과 배은망덕한 태도를 불러일으킨다(사 14:12-15).

에덴동산 이후 오랜 시간이 흐른 뒤에 인간이 예수 그리스도에 의해 구속되고(요일 2:2) 그를 믿는 자 누구나 하나님께로 나아가게 된 때(요 1:12-13)에도, 가장 선한 사람 역시 자기가 선을 행하기 원하는 한편 악에도 이끌린다는 사실을(롬 7:15-19) 깨달을 것이다. 오직 예수 그리스도 한 분만이 하나님의 말씀에 매달리고 그 말씀에 의해 살 때에만 유혹을 이길 수 있다는 것을 증명하셨다(마 4:1-11).

우리를 향한 하나님의 소원과 말씀을 알면 유혹을 피할 수 있다.
당신의 성경 지식을 늘리기 위해
이번 주에 시작할 수 있는 구체적인 일 한 가지는 무엇인가?

아담과 하와의 죄로 인해 오늘날 인간이 경험하는 눈물과 애통과 고통은 새로운 왕국이 이를 때까지 계속될 것이다(계 21:1, 4). 그때까지 모든 인간은 죄 때문에 괴로움을 당할 것이다. 또한 하와의 본보기를 따르지 말라는 절박한 경고를 받을 것이다(고후 11:3). 모든 산 자

의 어미인 하와가 간담이 서늘한 본보기를 보여주었기 때문이다.

그녀는 하나님의 말씀과 그분의 사랑을 의심하게 하는 사탄의 유혹을 허용함으로써 이 세상에 죄가 들어오게 한 여인이다. 그러나 우리는 아무리 암울한 상황이라도 하나님께서 구원하실 수 있다는 그녀의 믿음을 통해 새로운 소망을 얻는다.

**HER NAME
IS WOMAN:
BELIEVERS
AND
LEARNERS**

02

사라

명예로운 이름으로 기록된 여인
(창 18:1-15, 21:1-13; 히 11:11; 벧전 3:6)

> 믿음은 신임이고 의뢰이자 신뢰다.
> 믿음은 우리 눈에 보이지 않지만
> 실재인 영적 분야를 감지할 수 있는 여섯 번째 감각이다.
> 이 영역 안에서 하나님과 직접 만나게 된다.
> _ 오스왈드 샌더스(J. Oswald Sanders)

그리스도께서 오시기 이천 년 전 헤브론 땅에서 사라가 웃는다. 행복해서 웃는 것은 아니다. 그녀는 조금 전에 들은 말, 즉 나이 89세인 그녀가 아이를 낳을 것이라는 말 때문에 웃는다. 아들이라니, 불가능한 일이다!

그녀와 남편은 아이를 갖기에 너무 늙었다. 수많은 세월을 기다렸지만 이제 그녀가 아이를 낳는다는 것은 생물학적으로 불가능했다. 그들은 25년 전 하나님께서 친히 그들에게 한 아들을 약속하셨음을 확고하게 믿었다. 하지만 그 약속은 이루어지지 않았다. 그들이 잘못 생각하고 있었던 것이 틀림없었다. 사라는 그 세월을 돌아보았다.

그들은 문명과 상업의 중심지인 남부 메소포타미아의 우르 지방에 살고 있었다. 우르는 역사상 그 전성기가 지났지만 여전히 번영하고 있었고, 그곳의 기술자는 애굽 기술자에 버금가는 기술을 가지고 있었다. 항구의 배들은 곡물들을 실어 날랐다. 많은 시민이 부유했고, 넓은 집에서 살고 있었다. 그녀와 아브라함은 친척들과 친구들 사이에서 그곳 생활을 즐겼다. 그러던 어느 날 그들의 삶이 급격히 변하게 되었다. 아브라함의 아버지 데라가 우르를 떠나기로 결정하는 바람에 부유하고 안락한 도시의 시민이었던 그들은 하루아침에 유목민이 되었다. 대부분의 여인들처럼 그녀 역시 자기 집과 사랑하는 사람을 떠나 알 수 없는 미래에 직면하는 것이 쉽지 않았다.

몇 달에 걸쳐 그들은 짐승들과 함께 천천히 그 땅을 지났다. 그리고 마침내 북쪽으로 약 1,000킬로미터 가량 떨어진 하란에 도착했다. 그들은 거기에 오랫동안 머물렀다. 그리고 우르에서처럼 호화로운 것은 아니지만 조금씩 안정을 찾게 되었다. 방랑하던 이전의 삶보다는 훨씬 나았다.

그러던 중 하나님께서 아브라함에게 나타나셨다(창 11:31-12:5). 그분의 등장은 너무도 영광스러워서(행 7:2-3) 그분이 누구신가에 대한 의심마저 사라져버렸다. 그분은 바로 아브라함의 조상들이 섬겨오던 달의 신, 신(Sin, 수 24:2))이 아니라 참되신 하나님이셨다.

하나님께서는 아브라함에게 그의 땅과 친척을 떠나 하나님께서 지시하는 땅으로 가라고 명령하셨다. 그 명령은 하나의 약속과 연결되어 있었다. "내가 너로 큰 민족을 이루고 네게 복을 주어 네 이름을 창대하게 하리니 너는 복이 될지라. 너를 축복하는 자에게는 내가 복을 내리고 너를 저주하는 자에게는 내가 저주하리니 땅의 모든 족속이 너로 말미암아 복을 얻을 것이라"(창 12:2-3).

하나님께서 인생의 중요한 변화,
예를 들어 이사나 이직, 결혼 등을 인도하셨던 때를 생각해보라.
그때 당신은 하나님을 전적으로 신뢰했는가?
그 경험을 통해 하나님께서 당신에게 가르쳐주신 것은 무엇인가?

아브라함은 즉시 순종했다. 그들은 또 한 번 움직여야 했다. 이번에는 남쪽이었다. 겨우 안정되었던 사라의 일상이 또다시 무너져버렸다. 그들의 아버지 데라도 죽었다. 그녀는 아브라함의 이복동생이었다. 당시에는 결혼할 기회가 극히 제한되어 가까운 가족 중에서 배우자를 구해야 했기에 흔히 있는 일이었다. 그들의 아버지는 죽었고 친척들도 하란에 남아 있었으므로 그들의 생활은 더욱더 외로웠다(창 24:4, 10, 27:43). 오직 사촌인 롯만이 그들과 함께 길을 떠났다. 그녀는 남편에게 순종했고, 남편에게 말씀하신 하나님을 신뢰했다.

당신의 안전을 담보하는 것을
하나님께서 제거하신다고 생각한 적이 있는가?
그 순간 무엇이 괴로웠는가?
당신의 기초를 두었던 것들에게서 무엇을 배웠는가?

많은 것을 잃어버렸음에도 불구하고 두 가지만은 그들에게 변함없이 남아 있었다. 첫째, 그들은 하나님의 약속을 계속 믿었다. 그들은 점점 늙어갔지만, 여전히 아이를 가질 수 있을 것이라 생각했다. 당시 아브라함은 75세였고, 사라는 65세였다. 둘째, 그들은 서로를 변함없이 존경하고 사랑했다.

물론 그 일이 쉽지만은 않았다. 아브라함처럼 그녀는 성숙한 인격을 가진 강한 성품의 소유자였다. 그녀는 남편을 따르고 순종하기 위해 최선을 다했다. 분명한 자기 의견이 있었지만, 내적인 자유를 위해 자신을 남편에게 내어줄 수 있었다.

신뢰와 내적 자유가 서로 연관되어 있다는 것을
알게 된 것이 언제인가?
이 진리를 확인시켜준 성경말씀은 무엇인가?

돌아보면, 그녀와 남편의 관계는 그녀와 하나님의 관계에 따라 결정되었다. 하나님에 대한 신뢰로 그녀는 충실하고 강한 여성이 되어 용감하고 한결같은 생활을 할 수 있었고, 남편과 조화를 이루며 살 수 있었다(벧전 3:1-7).

그녀는 남편에게 순종하였고 그를 첫 번째 위치에 놓았기 때문에, 남편도 그녀를 존경했고 그녀의 충고에 귀 기울이며 우정으로 그녀를 높이 대우했다. 그들은 서로의 문제와 관심사를 토론하는 연인일 뿐 아니라 친구이기도 했다. 그들은 하나님과 서로에게 개방되어 있었으므로 그들의 결혼과 영적 생활은 튼튼했다.

시간이 흘렀지만 그들에게는 여전히 자녀가 없었다. 그러는 동안 그들은 세겜에 도착했고, 거기서 하나님은 다시 한 번 아브라함에게 나타나셔서 이렇게 말씀하셨다. "내가 이 땅을 네 자손에게 주리라"(창 12:6-7).

드디어 그들은 목적지에 도착했다. 그리고 여전히 약속된 자녀를 바랐다. 아브라함은 하나님께 감사의 제단을 쌓았다. 그러나 심한 기근 때문에 그의 가족과 짐승들을 위해 남쪽으로 옮겨갔다. 하나님께 여쭈어보지도 않고 자기 생각대로 한 일이었다. 그들은 애굽으로 갔다. 하나님을 기쁘시게 못하는 방향으로 간 것이었다(출 33:14-15).

―――

하나님께 구하지 않고 '어떤 길로 향했던 경험'이 있는가?
그 결과가 어땠는가?
그것이 당신과 하나님의 관계에 어떤 영향을 주었는가?

―――

애굽에서의 생활은 그리 쉽지 않았다. 사라의 빼어난 미모 때문에 아브라함은 애굽 사람들이 그녀를 취하기 위해 자기를 죽일지도 모른다 생각하고 목숨을 잃어버릴까봐 두려워했다. 그래서 아브라함은 그녀에게 이렇게 말했다. "사람들이 나를 죽이려 들지 않도록 당신은 내 누이라고 말하시오"(창 12:13 참조).

그는 두려움 때문에 거짓말을 하여 도피처를 구하려 했다. 하지만 그는 수년 동안 절대적으로 하나님을 신뢰해온 사람이었다. 사라는 '나에 대한 사랑이 어디로 간 걸까?' 의아해했다. 그들이 길을 떠나면서 그러한 술책을 쓰기로 합의한 것은 사실이다. 그것이 완전히 거짓말은 아니라는 사실로 자신들의 양심을 위로했다(창 20:12-13). 그래서 이론적으로는 용납될 수 있었지만 그녀는 사실상 배신당한 듯한 느낌이었다.

아브라함이 예상했던 것처럼 그녀의 아름다움은 사람들 눈에 띄었다. 그녀는 바로의 궁전으로 끌려갔다. 사라는 죽음에 대한 아브라함의 두려움이 그녀의 순결을 위태롭게 했을 뿐 아니라 그들 자녀에 대한 약속을 어기는 행동이라고 생각했다.

그때 그녀가 신뢰해온 하나님께서 개입하셨다. 하나님은 고통과 큰 재앙을 통해 이교도 왕에게 상황을 분명하게 알리셨다(창 12:10-20). 이 사건으로 사라는 남편에 대한 신임을 다소 잃게 되었다. 순간적으로 아브라함은 자기의 위치를 잃어버렸고, 그녀의 안정감은 와르르 무너져버렸다.

그들은 애굽의 노예 소녀, 하갈을 데리고 하나님께서 그들에게 약속하신 땅으로 돌아왔다. 약속받은 자녀가 주어지지 않은 채 수년이 흘렀고, 아브라함은 어쩌면 양자로 삼은 아들이 하나님의 해결책일지 모른다고 생각하게 되었다. 그것은 자기 집안에서 가장 중요한 자인 엘리에셀을 두고 한 생각이었다(창 15:1-4).

하지만 그것은 하나님의 계획이 아니었다. 하나님께서는 사라에게서 난 아들이 후손이 될 것이라고 약속하셨다. 후손에 대한 약속은 변함이 없었고, 맹세로 확인된 것이었다(창 15:5-21). 하나님께서는 그 약속을 계속 반복하셨지만 이루심은 더디었다.

당신의 삶에서 하나님이
너무 천천히 움직이신다고 생각한 적이 있는가?
그때 하나님이 당신에게 가르쳐주신 것은 무엇인가?

경험을 통해 그녀는 믿음으로 사는 삶은 인간적인 안락함을 포기하는 것뿐 아니라 인내심도 있어야 한다는 것을 알았다. 믿음과 인내는 병행했다. 그것은 상품처럼 쉽게 살 수 없고 어려운 인생학교를 거치며 배워야 했다. 또한 연습이 필요했고(히 6:13-15), 실제 행동으로 증명될 필요가 있었다. 그녀와 아브라함은 믿음이 인간의 가능성이라는 모래밭이 아니라 하나님의 약속이라는 단단한 땅에 닻을 내려야 한다는 사실을 배워야 했다.

하지만 그녀는 조바심이 나기 시작했다. 자신이 아기를 가질 나이가 지났다고 생각한 그녀는 아브라함에게 애굽의 여종 하갈을 첩으로 취하라고 제안했다(창 16장). 외적으로 그녀는 당시의 풍습을 따른 것이었다. 그러한 일은 흔하게 일어났다. 어쩌면 그녀는 남편에게 아들을 약속했던 결혼 서약에 따른 행동이라며 자신을 법적으로 방어했을지도 모른다. 하지만 그녀가 한 일은 믿음이 결핍되어 있었기 때문에 일어난 잘못된 것이었다.

그녀의 자기부인은 큰 희생을 치렀다. 그녀는 하나님께서 약속하신 아들이 그녀 자신의 아들일 것이라는 말씀은 하시지 않았다고 변명할 수 있었다. 하지만 그녀는 어떤 대가를 치르고라도 자기가 선택한 시간에 하나님의 약속이 이루어지는 것을 보기 원했기 때문에 불필요한 희생을 치른 것이었다. 10년이라는 긴 세월을 기다리는 동안 그녀는 견딜 수 없을 만큼 힘들었다. 그녀의 진짜 문제는 그녀의 참을성이 말라버린 것이 아니라 자기 스스로 해결책을 찾았다는 것이다. 그녀는 자신의 운명을 손에 쥐고 비싼 값을 치렀다.

당신의 뜻대로 주장하고 당신의 해법을 사용함으로써
하나님의 인도하심에서 멀어졌던 때를 생각해보라.
그 결과는 어떠했는가? 그 일에서 무엇을 배웠는가?

무엇 때문에 아브라함은 그녀의 말에 귀를 기울였을까? 그것은 아직도 분명하지 않다. 그보다 앞선 아담도 아내의 잘못된 제안에 귀를 기울여 쓰디쓴 열매를 땄다(창 3:17). 그는 왜 사라의 말에 귀를 기울였을까?

그 결과는 즉각적으로 나타났다. 불신과 성급함의 죄는 하갈의 태중에 어린아이가 생기기 오래전부터 그 열매를 맺기 시작했다. 존경할 만한 가정이 불만족과 불화로 파괴되었다. 하갈의 우월감이 점점 높아지기 시작했다.

사라는 자신이 이 불행한 계획의 주도권을 잡았다는 사실을 잊어버렸다. 그녀의 마음이 하나님을 떠났기 때문에 자기 자신을 돌아보거나 회개하는 일을 소홀히 했다. 그 대신 그녀는 자기 남편을 비난했다. 또한 하갈을 몹시 경멸했기에 만약 하나님께서 중재하지 않으셨다면 그 젊은 여자는 죽었을지도 모른다. 사라는 자신의 품위를 떨어뜨렸다. 그녀는 사람이 하나님으로부터 멀리 떠나 방황할 때 얼마나 파괴적인 힘을 갖게 되는지 배웠다.

주님과 가까이 동행하지 않아서 해를 당한 적이 있는가?
당신의 행동으로 인한 결과를 보며 어떻게 반응했는가?

그녀는 시간을 벌기 원했다. 그것이 오히려 시간을 잃어버리게 되는 결과를 가져오리라고는 아무도 생각하지 못했다.

어느 날 아브라함은 어딘지 모르는 곳에서 갑자기 나타나 자기 앞에 서 있는 손님들을 접대하느라 매우 분주했다. 그들이 머무는 동안 사라는 식사 준비를 돕고 있었다. 대접할 때가 되자 그녀는 남자들이 세상을 지배하고 있던 동양의 관습대로 뒤에 남아 있었다. 그들이 "네 아내 사라가 어디 있느냐?"라고 물었을 때야 비로소 관심을 가졌다. 그리고 장막 문 쪽으로 가면서 생각에 잠기기 시작했다. '저 사람들은 누구일까? 그들이 내 이름을 어떻게 알까? 나에 대해서 얼마나 더 알고 있을까?'

아브라함이 그들에게 말했다. "장막에 있나이다." 그러자 그들은 깜짝 놀랄 이야기를 했다. "기한이 이를 때에 내가 정녕 네게로 돌아오리니 네 아내 사라에게 아들이 있으리라."

그 사람들은 여전히 장막 쪽에 등을 대고 앉아 있었고, 사라는 자기가 눈에 띄지 않을 것이라고 생각했다. 그녀는 혼자 생각하고 있었다. 마음속으로 그들이 한 말을 떠올리며 웃었다. 그들은 매우 예의 바른 모습을 보였다. 그야말로 신사였다. 아브라함에게 아들이 있으리라고 공손하게 약속함으로써 주인의 접대에 감사를 표했다.

하지만 불현듯 현실로 돌아오면서 그녀의 생각도 끝났다. 놀랍게도 그녀는 자기가 입 밖에 내지 않은 생각이 말로 표현되는 것을 들었다. 그 사람이 물었다. "사라가 왜 웃으며 이르기를 '내가 늙었거늘 어떻게 아들을 낳으리요.' 하느냐?" 그러면서 즉시 감동적인 말을 했다. "여호와께 능치 못한 일이 있겠느냐?"

여호와? 여호와라니? 그 순간 사라는 아브라함이 이미 그러했던 것처럼 하나님을 인식했다. 그녀의 남편은 그 세 사람에게 "내 주여"라고 말하지 않았던가.

여호와께서는 친히 그녀에게 말씀하시고, 그녀에게 개인적으로 그 약속을 확인시키시기 위해 하늘에서 내려오셨다. "내년 이맘때 내가 반드시 네게로 돌아오리니 네 아내 사라에게 아들이 있으리라."

큰 충격을 받은 사라는 자기의 믿음 결핍을 부인하면서 말했다. "내가 웃지 아니하였나이다." 그녀는 그분이 "네가 웃었느니라." 말하기 전에 이미 그 대답을 알고 있었다(창 18:10-15 참조).

그녀는 '여호와께서 왜 내게 직접 말씀하시지 않았을까?' 곰곰이 생각해보았다. 여자에게는 그 남편을 통해 말하는 것이 동양의 생활 방식이기 때문일까? 혹은 아브라함도 자기 아내처럼 불신하여 웃었다는 것을 상기시키려고 하신 걸까? 얼마 전 하나님께서는 그에게 아들에 대한 약속을 반복해주셨다(창 17장). 아브라함 역시 사라에게서 아들을 얻을 것이라는 소망을 잃어버렸기 때문이다. 그는 이스마엘로 만족하고 그가 하나님께 용납되기를 간청했었다.

우리는 종종 하나님께서 우리에게 주시는 것보다
훨씬 못한 것에 만족하려고 한다.
지금 당신이 붙들고 있는 '훨씬 못한 것'은 무엇인가?
그것을 하나님 앞에 내려놓기 위해
이번 주에 할 수 있는 세 가지는 무엇인가?

하나님은 처음으로 약속의 아들이 사라의 아들일 것이라고 명백하게 말씀하셨다. 그 증거로 하나님은 그들의 이름을 바꾸어주셨다. '높은 자의 아비'인 아브람 대신 '많은 무리의 아비'인 아브라함이 되었고, 사래는 '왕녀'라는 의미의 사라로 바뀌었다. 여호와 하나님은 기다림이 곧 끝나리라는 사실을 아브라함에게만 말씀하는 것으로 충분치 않다고 생각하셨다. 그래서 사라에게도 개인적으로 말씀하시기 위해 오셨다.

이듬해 하나님께서 약속하신 대로 아들이 태어났다. 하나님께서 그에게 주신 '이삭'이라는 이름은 '웃음'이라는 뜻이다. 그들이 살아 있는 동안 이삭은 그의 부모가 불신 때문에 그의 이름 뒤에 물음표를 붙인 것을 하나님께서 느낌표로 바꿔 놓으셨다는 사실을 상기시켜 주었다. 하갈이 아브라함의 첩이 되게 한 사라의 실수는 계속해서 심각한 결과로 나타났다. 이삭이 젖 떼는 잔치를 할 때 이스마엘이 이삭을 조롱하자 사라는 아브라함에게 하갈과 이스마엘을 멀리 쫓아내라고 종용했다. 아브라함의 마음은 슬펐다. 자기가 죄에 참여했던 것 때문에 고통을 당했기 때문이었다. 그러나 하나님께서는 아브라함에게 사라의 말을 들으라고 말씀하셨다. 그래서 그는 애굽 여인 하갈을 아들과 함께 내보냈다. 역사가 증명하듯이 하나님은 그들도 사랑하셨다. 그러나 이삭과 이스마엘 사이에 있는 명백한 구분은 날이 갈수록 점점 더 심해졌다. 사라는 이삭이 태어난 뒤 겨우 37년밖에 살지 못했으므로 아브라함의 두 아들의 후손들 사이에서 일어나는 비참함과 슬픔을 보지 못했다.

이스마엘의 후손인 아랍 민족과 이삭의 후손인 유대인들은 계속해서 원수가 되었다. 수세기가 지난 지금도 중동 문제는 여전히 해결되지 않고 있다.

단 한 번의 조급한 행위가 그와 같이 커다란 영향을 미치고 사라에 대한 기억에 오점을 남겼다는 것이 얼마나 슬픈 일인가! 그러나 성경은 음울한 기분으로 그녀의 이야기를 끝내지 않는다.

히브리서 11장에 나오는 믿음의 영웅들의 대열에서 제일 먼저 등장하는 여인이 사라다. 그녀는 그녀의 실패 때문이 아니라 그녀가 가졌던 믿음 때문에 명예롭게 기록되었다.

이삭의 출생 과정에 나타난 그녀의 믿음은 그녀의 긴 삶을 지나며 성장한 것이었다. 삶은 사라에게 많은 희생을 요구했다. 그녀는 자기가 사랑했고 원했던 많은 것을 억제해야 했다. 또한 그녀는 어려움과 실망을 불평하지 않고 견뎠다. 상황이 바뀔 때에는 융통성을 보였다.

그녀는 남편에게 자신을 맞추었다. 아브라함에 대한 그녀의 순종으로 말미암아 그녀는 남편이 하나님께 순종하도록 했다.

과학자들은 좋지 못한 감정이 사람에게 병을 일으킨다는 것을 발견했다. 또한 행복과 만족과 하나님에 대한 흔들리지 않는 믿음이 기반이 되는 건강한 감정은 육체적인 아름다움과 건강과 장수의 원인이 된다고 말한다.

> 사라가 경험한 것 중 믿음이 성장하는 데
> 도움을 준 것은 무엇인가?
>
> (창 11:27-32, 12장, 20장 참조)

그것이 사라의 외적 아름다움과 생동력의 비결 아니었을까? 베드로는 사라의 내적 아름다움과 도전은 모든 여성이 본보기로 따를 만하다고 찬양한다. 그녀의 이름은 참으로 명예롭게 기록되었다.

**HER NAME
IS WOMAN:
BELIEVERS
AND
LEARNERS**

03

리브가

엄청난 잠재력을 지녔지만 하나님보다 앞서 행한 여인
(창 24:1-28, 58-67, 27:1-30, 41-46)

누가 현숙한 여인을 찾아 얻겠느냐.
그의 값은 진주보다 더하니라.
_ 르무엘 왕의 어머니(잠 31:10)

이 이야기는 마치 동화처럼 시작된다.

부유한 아버지의 외아들이요 많은 재산의 상속자인 훌륭한 신랑감이 아내를 구하고 있었다(창 24:34-36).

그가 태어나기 전부터 하나님께서는 그와 그의 자손들과 영원한 언약을 맺겠다고 말씀하셨다(창 12:2-3, 17:19). 때문에 그 자손들의 어머니이자 그 자손의 자손들의 할머니가 될 사람은 매우 신중하게 선택되어야 했다.

이삭은 건장한 청년이었다. 그의 아버지 아브라함은 결혼을 위한 모든 준비를 해놓았다. 심지어 신부까지 택해 놓았다.

그는 이 중요한 사명을 위해 자기가 신뢰할 수 있는 사람(그의 집안일을 돌보는 청지기 엘리에셀[창 15:2-3])을 자기가 전에 살던 메소포타미아에 있는 하란으로 보냈다. 그의 친척들이 아직도 거기 살고 있었기 때문이었다.

그는 친척 중에서 며느릿감을 찾는 것이 화목한 혼인을 위한 가장 좋은 보증이 될 거라 생각했다. 그래야 부부가 같은 배경과 상호 이해를 가질 수 있기 때문이다.

비록 가나안에 살고 있었지만 그곳 사람들이 하나님의 저주 아래 있었기 때문에, 이삭에게는 그 지방 여자와의 결혼이 허용되지 않았다(창 9:22-27).

그들은 이삭의 하나님을 경배하지 않는 이교도였고, 그와 같이 믿지 않는 자와 결혼하는 것은 하나님 보시기에 합당하지 않은 것이었다(고후 6:14).

창세기 24장 3절과 고린도후서 6장 14절을 비교해보라.
부부가 같은 멍에를 메지 않는 결혼에
어떤 위험이 있는가?

아들을 위해 하나님께서 예비하신 여인을 구하고 싶었던 아브라함은 결혼은 하늘에서 이루어져야 한다는 확신을 가지고 있었다. 즉 그는 하나님께서 두 사람의 결합에 관심을 가지고 계신다고 믿었다.

일찍이 하나님께서는 첫 번째 인간이 행복의 최적 조건을 함께 누릴 사람, 즉 아담을 위한 특별한 아내를 창조하시지 않았던가!(창 2:18)

당신이 결혼할 사람의 세세한 부분까지
하나님께서 관심을 가지신다고 생각하는가?
이것이 결혼을 생각하는 미혼자의 태도에 어떤 영향을 주어야 하는가?
또 기혼자에게는 배우자와의 관계에 어떤 영향을 주어야 하는가?

그는 하나님께서 이삭을 위한 아내를 골라주실 것이라 믿었다. 아버지로서 그는 자기 아들에게 재산을 줄 수 있었지만 슬기로운 아내는 오직 여호와만이 주실 수 있었다(잠 19:14). 좋은 아내는 여호와로부터 오는 선물이며 축복이기 때문이다(잠 18:22).

아브라함은 그가 하나님께 구하기만 한다면 하나님께서 친히 그 여행을 책임져주시리라고 확신했다(잠 3:5-6). 그래서 자기 청지기에게 하나님께서 그보다 앞서 사자를 보내시어 알맞은 여인을 만나게 해주실 것이라고 격려해주었다(창 24:7).

약 900킬로미터를 여행한 엘리에셀은 아브라함의 동생 나홀이 살고 있는 하란에 도착했다. 그는 도착하자마자 두 가지 일을 했다. 먼저 하나님께 도움을 구하는 기도를 드린 뒤 사람들이 가장 많이 모이는 우물가로 갔다. 저녁때가 가까워지고 있었으므로 그는 곧 여자들이 물을 길러 나올 것이라 생각했다.

우물가로 나오는 많은 여자 중에서 어떻게 이삭을 위한 아내를 고를 수 있을까? 하나님께서 주인 아들의 아내가 될 누군가를 정해 놓으셨을까?

리브가 / 47

모든 것이 하나님의 인도하심에 달려있었다. 그래서 엘리에셀은 기도하는 마음으로 나아갔다.

그는 하나님께 자신이 알아볼 수 있는 표적을 달라고 기도했다. "내가 물을 달라고 요청한 소녀가 내 약대에게도 물을 주겠다고 제안한다면, 그를 하나님께서 이삭의 아내로 바라시는 여인인 줄로 알겠나이다." 그리고 무엇이든 하나님께 구할 수 있다는 것을 알았던 그는 바로 그날 성공하게 해주실 것을 간구했다.

간단한 이 기도는 청지기의 날카로운 통찰력을 드러낸다. 동양 여성들은 낯선 남자를 만나면 매우 수줍어했다. 따라서 만약 어떤 소녀가 그에게 숨김없는 반응을 보인다면, 그는 그것을 하나님께서 인도하시는 것으로 여길 수 있었다.

하지만 그는 기도에 대한 응답으로 그 소녀가 다른 자질까지 드러내리라는 사실을 알았을까?

약대 10마리에게 물을 길어주는 것은 쉬운 일이 아니다. 약 100-200리터의 물을 길어 날라야 하는 일이었다. 그 일을 하려면 건강한 몸과 힘이 필요했다. 하나님께서 아브라함에게 약속하신 많은 후손의 대를 이을 여인은 강하고 건강해야 했다.

또한 그 행동은 그녀의 성품도 드러내주었다. 다정함과 기꺼이 봉사하려는 자세는 이삭의 신부가 지녀야 할 특성이었다. 어려운 일을 할 수 있는 실력과 능력도 그녀가 남편과 함께 살게 될 유목 생활에 도움이 될 것이다. 그녀가 만약 자신에게 묘안이 있을 때 솔선한다면, 그것 역시 그녀에게 은총이 될 것이다.

당신은 결혼할 때 어떤 특성을 가진 배우자를 찾았는가?

그 특성이 결혼생활에 어떤 영향을 주었는가?

미혼이라면 어떤 특성을 가진 배우자를 찾고 있는가?

그 특성을 어떻게 확인할 수 있는가?

나이 많은 부모의 아들 이삭은 40세가 될 때까지 총각이었다. 그는 어머니에게 강한 애착을 가지고 있었다. 큰 공적을 이룬 남자가 아니었다. 때문에 그의 아내는 그가 갖지 못한 자질을 가지고 그의 부족한 면을 보완해주어야 했다.

아브라함의 종은 혼자 조용히 기도했다. 하나님 외에는 아무도 그의 간구를 듣지 못했다. 기도를 마치자마자 그의 마음속에서 무언가가 그에게 고개를 들라고 알려주었다. 그는 어깨에 물 항아리를 멘 소녀를 보았다. 그녀는 날씬하고 젊었다. 그녀가 가까이 오자 그는 좀 더 강하게 그녀가 자기 기도의 응답이라는 것을 느끼게 되었다. 바로 여기에 이삭의 신부가 있었다!

그날은 리브가에게 다른 날과 별반 다르지 않았다. 그날이 역사가 이루어지는 날이 될 것이라는 아무런 암시도 없었다. 그녀는 자기가 수천 년 동안 사람들의 마음에 감동을 주는 사랑 이야기의 주인공이 될 줄 몰랐다. 우물로 가는 일은 매일같이 반복되는 무미건조한 일상이었다. 그러나 그날 우물에 도착했을 때, 그녀는 자기가 걸어오는 것을 지켜보고 있는 낯선 사람에게서 알 수 없는 긴장감을 느꼈다.

그것이 그녀를 불쾌하게 만들지는 않았다. 그녀는 물을 달라는 그의 요청에 기쁜 마음으로 응했다.

그녀는 '내 마음이 왜 이렇게 가볍고 행복할까? 마치 무언가를 기대하는 것 같아.' 생각하며 의아해했다. 마치 외부의 어떤 것이 그녀의 발에 날개를 달아주고, 그녀의 팔에 더 많은 힘을 주는 것 같았다. 그녀는 이 친절한 노인을 위해 무언가 특별한 일을 해주고 싶었다. 그래서 자진하여 그의 약대를 위해 물을 길어주겠다고 했다. 짐승들의 갈증이 모두 해소되기까지 오랜 시간이 걸렸지만 그녀의 기분은 가볍고 행복했다. 어려운 일을 거뜬하게 해냈다.

그 낯선 사람의 살피는 눈은 잠시도 그녀를 떠나지 않았다. 그는 말없이 그녀를 자세히 훑어보았다. 일을 마치자 그는 그녀에게 금을 선물로 주었다. 그녀는 조그만 호의에 풍성한 선물을 주는 것을 보며 놀랐다. 그와 함께 있던 사람들로 보아, 그가 부유한 사람이라는 것을 알 수 있었다.

"네가 누구의 딸이냐?" 그녀는 그의 목소리에서 긴장감을 느꼈다. "나는 밀가가 나홀에게서 낳은 아들, 브두엘의 딸입니다."라고 대답했을 때 그는 머리를 숙이고 하나님을 찬양했다.

그가 기도할 때 그녀는 그녀가 잘 알고 있는, 훌륭한 어른 아브라함의 이름을 말하는 것을 들었다. 그리고 이 경건한 사람이 그녀의 가족을 만나기 위해 특별히 이 긴 여행을 했다는 사실을 가족들에게 알리기 위해 집으로 뛰어갔다.

그날 밤 브두엘의 집안사람들은 흥분하며 아무도 잠을 자지 못했다. 그들은 그 사람의 이야기를 듣고 모두가 한 가지 결론에 이르렀다. 그것은 하나님의 인도하심이었다. 그들은 이삭의 아내를 찾는 것이 어떻게 여호와의 약속에 의존하고 있는지 들었다. 이삭의 출생과 삶이 곧 하나님의 약속이 이루어졌다는 증거였듯이(롬 4:18-21; 히 11:17-19), 그의 결혼도 하나님의 약속과 연결되어 있었던 것이다. 그러한 약속에 대한 신뢰가 아브라함이 행동하게 된 원인이었다. 아들의 신부를 구하러 엘리에셀을 보내면서 아브라함은 자기가 하나님의 뜻을 행하고 있다는 것과 그의 기도가 반드시 응답되리라는 것을 확신했다(요일 5:14-15).

지난주에 하나님을 적극적으로 신뢰했던 일 한 가지를 말해보라.
어떻게 하면 당신이 하나님을 신뢰한다는 것을
세상에 더 많이 알릴 수 있는가?

아브라함과 엘리에셀은 실망하지 않았다. 하나님께서 분명히 그 길을 보여주셨다(시 32:8, 143:8). 친척들의 동의로 그것이 하나님의 인도하심이었다는 사실이 더욱 분명해졌다. 리브가가 살던 문화권에서는 당사자의 결정만으로 결혼이 이루어지지 않았다. 다른 사람, 특히 부모들이 의논의 대상이었다.

가족들의 의견은 일치했지만 최종 결정은 리브가에게 달려있었다. 그녀는 "네가 이 사람과 함께 가려느냐?"라는 질문에 조건 없이 "가겠나이다."라고 대답했다.

그녀의 대답은 믿음으로 내디딘 위대한 걸음이었다. 장차 그녀가 갖게 될 가정과 친정 부모가 사는 지역은 너무 먼 거리였고, 그것은 곧 그녀에게 다시는 돌아오지 못할 것이라는 사실을 의미했다. 어쩌면 그녀는 평생 동안 떨어져 있게 될지 몰랐다. 나홀의 손녀 리브가는 나홀의 형제인 아브라함과 똑같은 분량의 믿음을 보였다. 하나님의 뜻을 알았을 때, 그녀는 아브라함이 그랬던 것처럼 무조건 순종했다. 장래의 남편이 무엇을 요구하든, 그녀는 그 삶에 맞출 준비를 갖추고 있었다.

이삭과 리브가는 들에서 처음 만났다. 이삭은 장막의 답답함을 견딜 수 없었다. 그는 언젠가 약대들이 돌아올 거라 믿으며 하나님과 이야기하기 위해 밖으로 나갔다.

―

기도는 적극적인 신뢰의 핵심 요소다. 당신의 기도 생활은 어떠한가? 더 나은 기도 생활을 위해 이번 주에 할 수 있는 일 한 가지는 무엇인가?

―

리브가는 약대를 향해 오는 사람을 보았다. 그가 이삭임을 알고 그녀는 베일로 얼굴을 가렸다. 동양에서는 신부가 결혼식을 마칠 때까지 신랑에게 얼굴을 보이지 않아야 했기 때문이다.

이삭의 신부는 이삭에게 그의 어머니를 상기시켰다. 리브가는 사라처럼 지적이고, 정력적이었으며, 의지가 강했고, 아름다웠다. 그가 여인에게서 바랄 수 있는 모든 것을 갖춘 여인이었다. 그는 그녀를 사랑했고, 그녀도 그를 사랑했다.

사람은 혈과 육으로 되어 있고, 감정과 이성이 있으며, 희망과 절망이 있기 때문에 인간의 역사는 동화보다 훨씬 더 재미있다.

알려지지 않았던 소녀 리브가는 유대인의 믿음의 조상이요, 모든 믿는 자의 조상이며, 하나님의 친구인 아브라함의 역사에 동참자가 되었다. 그녀는 약속으로 가득 찬 미래의 문턱에 들어섰다. 이제 그녀는 무엇을 하게 될까?

● ● ●

리브가는 자기의 맏아들 에서가 이삭의 장막으로 들어가는 것을 보며 생각했다. '두 사람이 무엇에 대해 이야기할까?' 호기심에 이끌린 그녀는 수년 전 하나님께서 자기에게 선물로 주셨다고 생각한 사람의 장막을 엿보았다. 생각할 수도 없는 일이었다.

리브가와 이삭의 대화는 단절되어 있었다. 가족의 유대는 깨져버렸고, 두 개의 작은 세계로 분리되어 있었다. 하나는 야곱과 그녀였고, 다른 하나는 이삭과 에서였다. 마치 자녀들이 그들을 떼어 놓은 것 같다. 두 사내아이는 쌍둥이였지만 밤과 낮처럼 달랐다.

털이 많은 에서는 신체적으로나 내적 성품으로나 거친 사람이었다. 그는 밖에서 지내는 것을 좋아했으며, 이삭은 에서가 사냥한 고기로 요리한 음식을 좋아했기 때문에 아버지의 귀여움을 받았다.

동생 야곱은 연약하면서도 교활한 성품을 가졌다. 그리고 에서와 달리 어머니의 두둔을 받았다.

자녀들이 이삭과 리브가를 연합시켜야 했지만 불행하게도 그들을 떼어놓았다. 그들의 결혼은 편애로 말미암아 흠이 생겼다.

불화가 당신 가족의 어떤 면에 해를 끼치는가?
가족의 화합을 위해 당신이 이번 주에 할 수 있는 일은 무엇인가?

야곱에 대한 리브가의 사랑은 자녀들이 태어나기 전에 주신 하나님의 말씀에 기인한다. 하지만 지금은 그런 것을 생각할 겨를이 없었다. 과거를 되돌아볼 만한 날이 아니었다. 당장 생각해야 할 것이 있었다. 그녀의 사랑하는 아들 야곱의 장래가 위기에 놓여 있었기 때문이다.

그 순간 그녀에게는 장래는 하나님의 백성에 관한 것이며 그녀의 남편과 에서를 포함하고 있다는 생각이 떠오르지 않았던 것 같다. 하나님께서 미래에 대한 분명한 예고를 주셨는데도 그녀는 자신의 계획을 하나님과 의논하지 않았다.

80세였던 리브가는 여전히 날카로운 이지력과 재빠른 행동을 잃지 않고 있었다. 그녀는 남편의 장막 문에 서서 안에서 들리는 소리를 엿들었다.

반면 100세가 넘은 이삭은 죽음을 준비하고 있었다. 하나님께서 아브라함을 통해 자기에게 물려주신 축복(창 17:1-8, 21)을 하나님의 말씀대로가 아닌 자기 큰아들에게 물려주려 했다. 이와 같은 아버지와 아들 사이의 엄숙한 의식은 언제나 식사와 더불어 거행되었다.

리브가는 깜짝 놀랐다. 무언가 잘못되고 있었다. 하나님께서는 자녀들이 태어나기 전에 분명히 큰 자가 어린 자를 섬길 것이라고 말씀하시지 않았던가!(롬 9:10-12) 하나님의 그 약속은 이삭의 계획 때문에 그르쳐질 것이다. 그런 일이 일어나게 해서는 안 된다.

리브가는 하나님께서 왜 야곱을 더 좋아하시는지 알고 있었다. 에서는 하나님의 계명을 신중하게 받아들이지 않았다. 그는 하나님 보시기에 거룩한 장자 명분(신 21:15-17)을 팔아버렸다(출 13:2; 히 12:16). 그것을 너무나 가볍게 여긴 나머지 팥죽 한 그릇과 바꾸었던 것이다(창 25:29-34). 또한 그는 이방 여인과 결혼했다. 그 모든 것이 부모를 슬프게 만들었다. 반면 야곱이 장자의 명분을 교활하게 빼앗은 것은 옳은 일이 아니었지만, 적어도 그는 하나님을 믿고 있다는 것을 보여주었다. 그의 삶이 에서의 삶보다 조금 더 하나님 중심적이었다.

과거에는 자녀들에 대한 근심이 부모로 하여금 기도하게 만들었다. 리브가의 임신은 이삭이 간구한 결과 아니었던가. 그리고 리브가는 임신 중에 자기 복 중에서 두 아이가 싸우는 것을 알고 하나님께 구하지 않았던가!(창 25:21-23)

―

당신은 배우자와 함께 기도하는가?
어떻게 하면 함께 하는 기도를 발전시킬 수 있는가?
싱글이라면, 당신의 기도 동역자가 될 수 있는 사람은 누구인가?
어떻게 하면 기도를 통해 친구 사이가 믿음으로 연합될 수 있는가?

―

이 두 사건에서 한쪽 부모만 기도했다고 기록된 것이 흥미롭다. 성경의 간결성 때문일까? 아니면 그들이 서로의 생각을 나누지 않는 습관에 빠져 있었기 때문일까? 기운차고 지적인 리브가는 나이가 훨씬 많고 연약했던 이삭을 정말로 사랑했을까? 이삭은 그녀의 사랑을 얻으려고 애쓴 적이 있을까? 아들에 대한 그들의 깊은 사랑은 둘의 마음이 서로 하나 되지 못하는 것을 대신하려는 도피였을까? 아니면 그들이 하나님의 말씀에 서로 다른 가치를 부여했기 때문에 사이가 벌어졌던 것일까?

> 하나님이 당신에게 보내주신 사람을 진정으로 사랑하는 데
> 장애가 되는 것은 무엇인가?
> 그 사람에게 이기적이지 않은 사랑을 보여주기 위해
> 이번 주에 할 수 있는 일 한 가지는 무엇인가?

하나님께서 그리스도와 교회의 관계로 비유하신 결혼은 당사자들이 함께 그 기능을 수행할 때 행복해질 수밖에 없다.

남편과 아내는 하나님 앞에 동등하지만(고전 11:11-12) 각각 결혼의 테두리 안에서 다른 책임을 가진다.

즉 남자는 여자의 머리다(고전 11:3, 9). 그는 자기 아내에 대한 책임이 있다. 자기 아내를 사랑해야 하며, 하나님의 말씀에 따라 그녀를 인도해야 한다(엡 5:21-33). 여자가 둘 중 더 연약한 자이기 때문에 그는 아내를 존중해야 한다(벧전 3:7).

그리고 아내는 자기 남편에게 순응해야 한다. 남편에게 순종하고

그의 인도함을 따라야 한다.

이 관계의 비밀은 그리스도다. 결혼은 두 사람이 그리스도를 존경하며 서로에게 종속될 때 하나님께서 원하시는 모습이 된다. 이러한 구조 안에서 두 사람은 하나님의 창조 질서에 맞게, 개인적으로 성취할 수 있는 가장 위대한 것을 경험하게 된다.

그러한 관점을 가진 여자의 가장 큰 열망은 자기 남편을 더 행복하게 하는 것이다. "그런 자는 살아 있는 동안에 그의 남편에게 선을 행하고 악을 행하지 아니하느니라"(잠 31:12). 그러한 확신 속에서 자기 가정을 인도했다면, 남편과 아이들은 그녀를 축복했을 것이며 그들 스스로 행복하다고 생각했을 것이다(잠 31:28).

아내로서의 리브가를
에베소서 5장 21-33절과 잠언 31장 12절에
비추어볼 때 어떤 결론을 내릴 수 있는가?

비록 리브가가 그러한 조건들을 적어 놓지는 않았지만, 사라처럼 이미 잘 알고 있었을 것이다(벧전 3:6). 그러나 불행하게도 그녀는 그것을 토대로 행동하지 않았다.

이삭 역시 비난받지 않을 수 없다. 남편으로서 그는 하나님께서 기대하신 대로 합당하게 지도력을 행사했는가?

불행하게도 리브가는 자기 운명을 스스로 결정지었다. 한때는 알 수 없는 미래에 대해서도 하나님을 신뢰할 만큼 충분한 믿음을 가졌던 여인이 이제는 자기가 하나님을 도와야겠다고 느꼈다.

그녀에게는 영원하신 하나님께서 인간의 간섭 없이도 야곱에 대한 그분의 약속을 성취하실 만큼 전능하시다는 확신이 부족했다. 이 문제를 자기 남편과 함께 의논하지 않았다. 남편과 좀 더 가까워질 수 있는 기회가 그냥 지나가버렸다. 그녀는 망설임 없이 자기 남편을 속이고 에서의 축복을 빼앗기로 결정했다.

하나님께서 보내주신 사람들의 충고와 관점을 무시하고
당신 마음대로 했던 때를 생각해보라.
결과가 어떠했는가? 그 일을 통해 무엇을 배웠는가?

야곱은 속이는 행위 자체에 관심이 없었다. 그의 유일한 관심은 자신의 행동이 들통나서 저주를 받을지도 모른다는 것이었다. 리브가는 자기가 계획한 일을 위해서라면 어떤 일이든 할 준비가 되어 있었다. 그녀와 하나님 사이가 하나님의 저주를 두려워하지 않을 만큼 넓었던 것일까? 그녀는 "너의 저주는 내게로 돌리리니…."(창 27:13)라는 말이 무모하게 여겨지지 않았을까?

상황은 빠르게 진전되었다. 에서가 준비한 고기 요리를 가지고 아버지의 장막에 들어가기 전에 야곱이 그의 축복을 도둑질했다. 리브가는 자기가 이겼다고 생각했지만 그렇지 않았다. 사실상 그녀는 졌다. 그녀의 교활한 행동은 이삭에게 큰 슬픔을 가져다주었다. '이삭'은 '웃음'이라는 뜻이었지만 그는 더 이상 웃을 일이 없었다. 또한 에서가 그동안 자기 어머니를 존경했었더라도 그 순간 이후로는 더 이상 존경하지 않았을 것이다.

리브가가 에서와 야곱의 미래를 자기 생각대로 이끈 이유는 무엇인가? 로마서 9장 10-12절을 보라.

리브가는 자기가 편애하는 야곱에게도 해를 끼쳤다. 그는 어머니의 도움으로 아버지에게 거짓말을 했다. 하나님께서 사냥을 쉽게 하도록 인도해주셨다고 말하여 하나님의 이름을 망령되이 일컬었다. 그것이 다가 아니었다. 야곱은 속이는 자의 명수가 되어버렸다. 그는 자기 어머니만큼 교활했다(창 30:37-43). 그 모든 일에도 불구하고 하나님께서 그를 축복하신 것은 은혜였다(창 31:11-13). 야곱은 분명 그런 축복을 받을 만한 사람이 아니었다.

당신의 가정에 대를 이어 유산처럼 전해지는 악한 성향은 무엇인가? 그것이 가정에 미치는 영향을 통해 하나님께서 가르쳐주신 것은 무엇인가?

훗날 야곱은 속이는 자는 속게 된다는 것을 뼈아프게 배웠다. 처음에 그는 장인에게 속았고(창 29:25), 나중에는 자녀들에게 속았다(창 37:31-35). 그가 하나님의 축복을 받은 자라는 것을 하나님께서 직접 증명하실 기회를 드리지 않았기 때문일까? 그래서 정말로 자기가 하

나님의 축복을 받은 자인지 수없이 자문한 걸까? 도둑질로 얻은 축복은 계속되는 의심을 잠재우지 못했다.

사실을 알게 된 에서가 야곱을 죽이려 했던 것도 리브가의 행동 때문이었다. 그것은 또 다른 속임수가 되었다. 부모의 집에서 도망가야 했던 야곱에게 리브가의 오빠 라반은 하란에 숨을 만한 좋은 장소를 마련해주었다.

그녀는 이제 40세가 넘은 야곱을 위해 모든 것을 마련해준 뒤 이삭에게로 갔다. 그리고 남편에게 말했다. "이곳에 있는 외국 여자들이 부담스러워요. 야곱이 그런 여자와 결혼할까봐 걱정이에요." 그녀의 말은 사실이었다. 그녀와 이삭은 에서의 결혼 때문에 큰 슬픔을 경험했다. 하지만 그때까지도 그녀는 자기가 한 일에 대해 전혀 회개하지 않았다.

그녀는 자신을 과대평가한 나머지 에서의 화가 풀어지면 다시 야곱을 불러오겠노라고 그릇된 약속을 했다. 하지만 그녀는 야곱이 돌아올 때까지 살아있지 못했고, 결국 그 약속을 지킬 수 없었다. 사랑하는 아들이 아내를 구하러 떠날 때가 그녀가 본 마지막 모습이었다(창 28:1-4). 20년 뒤 그가 돌아왔을 때(창 31:41), 그의 아버지는 여전히 살아있었고 에서는 그와 화해했지만, 리브가는 죽어 있었다.

사라와 마찬가지로 리브가도 자기 행동이 얼마나 멀리까지 영향을 미치는지 보지 못했다. 에서의 마음속에 타고 있던 증오는 후손들에게까지 파급되었다(겔 25:12-13). 수세기 동안 에서의 후손인 에돔 사람들은 이스라엘의 원수가 되었다. 베들레헴에서 어린 아기들을 죽였던 헤롯 임금과(마 2:16) 재판석에서 예수님을 조롱했던 그의 아들 헤롯 안티파스(눅 23:11) 둘 다 이두매에서 온 에돔인이었다.

그토록 신중하게 이삭의 아내로 뽑혔던 여인이자 하나님께 선택받았던 여인 리브가는 그녀에게 기대했던 약속을 성취하지 못했다. 시작은 좋았지만 마지막은 실망스러웠다. 하나님을 기다리지 못한 결과였다(시 27:14, 37:34). 또한 그녀는 자신의 운명을 스스로 결정지었다. 그래서 하나님이 자신을 위해 싸우시도록 허용하지 않았다(신 1:30; 출 14:13). 그녀는 믿는 자는 서두를 필요가 없다는 사실을 잊고 있었다(사 28:16). 그리고 하나님께서 그분을 기다리는 자들을 위해 무엇을 하실 수 있고, 무엇을 할 것인지 보이시도록 하나님께 기회를 드리지 않았다(사 64:4).

HER NAME IS WOMAN: BELIEVERS AND LEARNERS

04

레아

불행한 결혼으로 하나님의 축복을 남긴 여인
(창 29:1-35)

일부다처 가족에서는 여러 가지 부끄러운 일들이 일어났지만
그대로 하나님께 받아들여졌다.
그들은 이 세상에 구세주를 보내기 위해 선택받은 자들이었고,
메시아의 민족이 된 12지파의 시초가 되었다.
이러한 사실로 미루어 하나님께서는
사람을 있는 그대로 사용하신다는 것을 알 수 있다.
_ 헨리 할레이(Henry H. Halley)

레아의 환상은 완전히 깨져 산산조각이 되고 말았다. 이제는 뒤로 사라져버린 어두웠던 시간들이 그녀 생의 가장 행복했던 시간이 되었다. 희망에 희망을 가지면서, 그녀는 짧은 행복을 경험한 모습으로 조용히 누워 있었다. 신랑에게 자신을 내어 맡기는 동안에도 그녀는 언젠가 사실이 밝혀질 그 시간이 무서웠다. 날이 밝아올수록 두려움은 점점 더 커졌다.

서서히 그 시간이 다가왔다. 햇살이 장막 흙바닥으로 뻗어내렸다. 그리고 신랑이 깨어나 신부인 그녀를 보았다. 그녀가 예상했던 실망이 그의 얼굴에 비쳤다. 그녀에게는 그를 이해시킬 만한 용기가 없었다. 그녀의 남편 야곱은 그 자리에 그가 7년 전 처음 본 순간부터 사

랑해온 여인인 그녀의 동생 라헬이 있을 것으로 기대했기 때문이다. 그는 라헬을 위해 일했으며 라헬을 바라고 라헬을 꿈꾸어왔다. 그리고 라헬과 함께 결혼식을 치른 첫날밤을 기대했다. 야곱은 오직 한 여인, 라헬만을 생각했다.

그는 졸린 눈으로 레아를 바라본 뒤 눈이 휘둥그레져 날카롭게 소리쳤다. 당황하고 절망한 그는 어떻게 그런 끔찍한 운명이 자기에게 일어날 수 있는지 의아해하며 벌떡 일어났다. 그는 자기가 속았다는 것을 깨달았고, 서서히 분노했다. 밤의 어두움과 신부의 면사포 아래, 재정적이고 사회적인 관례 때문에 다른 여인이 그의 장막으로 들어왔던 것이다.

레아는 틀림없이 야곱의 배신감을 이해했을 것이다. 그는 어른이나 지혜로운 사람으로 취급받지 못했다. 마치 이성이 없는 존재처럼, 다른 사람의 권위 아래에서 저당물처럼 속임을 당했다. 그가 사랑하지도 않는 여인이 그에게 억지로 떠맡겨진 것이다. 이런저런 생각이 스치면서 나타난 그의 반응은 마음속에 레아를 위한 자리가 없다는 것을 매우 분명히 드러냈다. 레아는 야곱을 깊이 사랑하고 있었지만 그에게는 그녀의 존재가 아무것도 아니었다.

'되돌릴 순 없어.' 레아는 혼자 생각했다. '어쨌든 나는 이제 그의 아내니까 나의 장래는 결정된 셈이야. 나는 나를 조금도 사랑하지 않는 남자와 결혼한 거야.' 그녀가 혼자서 그러한 논리를 전개시키고 있을 때, 야곱은 장막 밖으로 뛰쳐나갔다. 그는 자기를 너무도 형편없이 대우한 장인 라반을 만나야 했다.

레아는 계속 혼잣말을 하며 장막 안에 남아 있었다. 미래는 어두워 보였다. 그러나 그녀는 야곱을 사랑했기에 희망이 있었다. 그녀는 자기가 남편을 잃어버렸다고 믿을 수 없었고, 그렇게 믿지도 않았다. 그녀는 '아마도 미래는 지금보다 더 밝을 거야. 내가 그를 얼마나 사랑하는지 알면 야곱의 마음이 변할 거야. 아들을 낳으면 모든 것이 잘 될 거야. 아마도….'라고 생각했다. 그러는 동안 야곱은 라반과 마주 서서 분노와 비난을 억제한 음성으로 말했다. "나에게 왜 이런 야비한 일을 하셨나요?" 야곱은 화를 냈다. "저는 라헬을 위해 7년 동안 봉사했습니다. 왜 나를 속이셨습니까?"(창 29:25 참조)

라반은 천천히 돌아서며 발밑을 내려다보았다. 방어는 약했고, 변명도 빈약했다. "큰딸이 먼저 결혼하고 나서 작은딸이 결혼하는 것이 우리 지방의 관습이다"(창 29:26 참조). 그는 그 사실을 좀 더 일찍 상기시켜야 했다는 것을 무시하며 대답했다. 명백한 사실은 라반이 이런 부정직한 모험으로 얻게 될 이익을 계산했다는 것이다. 속임수를 통해 그는 일 잘하는 사위를 함정에 빠뜨려 값싼 노동력을 좀 더 오래 이용하려 했다. 그런 방식으로 신랑은 신부의 값을 비싸게 치렀다. 동시에 라반은 큰딸을 결혼시켰다. 큰딸은 라헬만큼 예쁘지 않았다. 그래서 어쩌면 유망한 구혼자들이 그녀를 지나쳐버렸는지 모른다.

야곱에게는 달리 취할 방도가 없었다. 그가 할 수 있는 유일한 일은 라반이 제안한 대로 7일 동안의 결혼 잔치가 끝나자마자 라헬과 다시 결혼하는 것뿐이었다. 그 결정으로 야곱은 장인을 위해 또다시 7년을 일해야 했다.

야곱은 자기 부모님의 가정을 돌이켜보았다. 오래전 그는 비슷한 방식으로 형과 바꿔치기 하여 자기 아버지를 속였다. 작은아들인 그가 형 에서에게 속해 있던 축복을 도둑질한 것이다(창 27:5-40). 속이는 자는 속임을 당하며 똑같은 방법으로 패하게 된다. 야곱은 자기가 남에게 입혔던 것과 같은 슬픔을 겪게 되었다.

그렇게 해서 레아는 결혼 초야를 지냈다. 그날이 그녀가 남편을 혼자 차지할 수 있는 유일한 시간이었다. 마음속으로는 이미 다른 여인과 함께 있었던 그 남자는 그 여인과의 결혼을 지체할 수 없었다. 레아는 진정한 사랑을 갈망했다. 그녀는 과연 사랑받을 수 있을까?

당신의 삶에서 누군가의 사랑이 부족하다고 느껴본 적이 있는가?
그때 당신은 어떤 반응을 보였는가?
그 경험을 통해 하나님께서 무엇을 가르쳐주셨는가?

그녀의 결혼에서는 하나님께서 남자와 여자를 창조하셨을 때 돕는 배필로서 계획하신 배우자 상호 간의 언약의 모습을 거의 볼 수 없었다. 결혼에 대한 하나님의 계획은 한 남자와 한 여자가 연합하는 일부일처제다(창 1:27, 2:24).

그러나 이스라엘 민족은 하나님께 불순종했고, 주변의 미망인들을 아내로 취하기 시작했다. 하나님께서는 그 사실에 관용을 베푸셨지만 누구든 하나님의 창조 질서를 침해한 대가를 치러야 했다. 레아가 바로 그 아픔을 맛보았다. 그녀는 한 남자가 두 여자 이상과 혼인하는 일부다처제의 쓰디쓴 아픔을 일생 동안 매일 경험했다.

결혼 첫날밤이 지난 수년 뒤에도 레아를 향한 남편의 마음은 굳게 닫혀 있었다. 그 원인 중 하나는 그녀의 외모였다. 외모 면에서 그녀는 자기 동생과 도저히 겨룰 수 없었다. 이를테면 그녀의 눈은 생기가 없고 약했다. 왜 그렇게 되었는지에 대한 정확한 이유는 알려져 있지 않다. 그 나라의 많은 여인들처럼 그녀도 외모를 불쾌하게 만드는 눈병으로 고통받은 것일까? 아니면 그녀가 사시였던 걸까? 눈에 병은 없었지만 동양의 미인들을 그토록 매력적으로 보이게 하는 반짝임이 없었던 것일까? 눈동자가 빛나는 갈색이 아니라 희미한 푸른빛이었을까?

이처럼 생의 중요한 영역에서 불리한 조건을 가지고 있었지만 레아는 하나님으로부터 특별한 축복을 받았다. 성경은 "여호와께서 레아가 사랑받지 못함을 보시고 그의 태를 여셨다"고 기록한다(창 29:31 참조). 하나님께서는 레아가 아름답지 못하다는 사실로 방해받지 않게 하셨다. 하나님께서는 그녀를 외모로 판단하지 않으셨다. 하나님께서는 그녀의 마음을 보셨다(삼상 16:7). 그러는 동안 라헬의 마음은 급격히 이기적이고 자기중심적이 되었다.

슬픔은 종종 눈에 보이지 않는 위험을 가져온다. 그것은 사람을 자기중심적으로 만들어서 다른 사람들과 외부 세계와 하나님께로 나아가는 문을 닫는다. 그러나 레아의 생애는 그 반대였다. 그녀의 슬픔은 그녀를 하나님께 나아가게 했다. 그녀의 아들들의 이름에서 그러한 사실을 엿볼 수 있다.

그녀는 첫 아들을 '여호와께서 나의 괴로움을 권고하셨다'는 뜻으로 르우벤이라 지었다. 그 이름 배후에는 하나님께서 그녀의 괴로움을 보고 계신다는 그녀의 생각이 들어 있는 것이다. 그녀는 누구나 큰 확신을 가지면 하나님을 신뢰할 수 있다는 것을 알고 있었다. 하나님께서는 그분을 부르는 자 누구에게나 응답하시며, 그에게 하나님의 구원을 보이시겠다고 약속하지 않으셨던가(시 91:15-16).

하나님의 신실하심과 사랑을 경험한 레아는 그녀의 둘째 아들 시므온이 태어났을 때 그것을 분명하게 표현했다. 그리고 수세기 후에 시편 기자 다윗은 이렇게 노래했다. "네 짐을 여호와께 맡기라. 그가 너를 붙드시고"(시 55:22). "내가 두려워하는 날에는 내가 주를 의지하리이다"(시 56:3).

시므온이라는 이름은 '주께서 들으셨다'는 뜻이다. 그 이름을 부를 때마다 그녀는 자신과 주위 사람들에게 하나님의 선하심을 상기시켰다. 레아는 자기 문제를 하나님과 나누었으며, 그녀의 기도가 응답 받은 뒤에는 하나님께 공개적으로 영광 돌리는 것을 잊지 않았다(시 50:15).

최근에 하나님께서 당신의 기도를 응답해주신 일이 있는가?
하나님께서 기도에 응답하셨을 때
공개적으로 하나님께 영광 돌릴 수 있는 방법은 무엇인가?

야곱의 아들들의 이름을 따서 지은 이스라엘의 12지파는 인류 역

사가 끝날 때까지 하나님의 신실하심을 나타낼 것이다. 엄청난 유산이 불행한 결혼의 주인공 레아를 통해서 왔다. 레아의 생애에 있었던 슬픔은 하나님의 도구였다. 그것은 그녀로 하여금 이스라엘이라는 집의 초석이 되게 했다. 후손들이 그로 인해 그녀를 찬양할 것이다(룻 4:11).

남편의 사랑에 대한 갈망(그러지 않을 수 없었을 것이다)은 여전히 남아 있었다. 그러나 사랑받지 못함으로 인해 레아는 하나님을 더욱 의지하게 되었다. 그녀의 삶은 슬픔 때문에 오히려 풍성해졌으며 시험으로 말미암아 열매를 맺었다. 하나님에 대한 그녀의 확신은 점점 더 커졌다.

과거에 경험한 슬픔을 떠올려보라.
그로 인해 하나님과 가까워졌는가, 멀어졌는가?
당신의 삶이 '시험을 통해 성숙해지는' 방법은 무엇인가?

그녀의 넷째 아들 유다가 태어났을 때, 레아의 마음속에는 하나님에 대한 사랑이 야곱에 대한 사랑보다 더 컸다. "이제는 여호와를 찬송하리로다"(창 29:35). 그녀는 환희에 넘쳐 외쳤다. 처음으로 그녀는 남편의 사랑을 언급하지 않았다. 하지만 그 순간의 예언적인 의미는 인식하지 못했다. 즉 그녀는 유다의 탄생과 함께 새로운 기원이 시작된다는 것을 알지 못했다. 그 아들의 후손인 유다 지파에서 메시아가 오실 것이고, 모든 세대가 유다의 이름을 찬양할 것을 알지 못했다.

―

레아가 하나님과의 관계에서 아름답게 성장하는 모습은 하나님이
그녀의 신실하고 의지하는 관점을 칭찬하시는 것에서 잘 드러난다.
당신이 어려운 시기에 신실함을 선택했을 때,
하나님이 어떤 복을 주셨는가?

―

　레아는 자기가 얼마나 큰 특권을 부여받고 있는지 알지 못했다. 그 사실은 여러 세기가 지난 뒤에야 나타날 것이기 때문이다. 레아는 온 인류를 위한 축복의 통로로 쓰임받았다. 그녀를 통해 이 세상의 구세주, 예수 그리스도의 탄생이 더욱 가까워졌다.
　그러는 동안 그녀의 삶은 긴장감의 연속이었다. 레아는 자기를 사랑하지 않는 남편에게 여러 번 자신을 내주었다. 레아에게는 결혼한 배우자와 연합하는 기쁨이 씁쓸함이었다. 그녀의 확실한 직감으로, 자신의 사랑의 굴복이 야곱의 가슴에 불을 붙여주지 못한다는 것을 깨달았다. 이런 식의 부부생활은 그녀에게 굴욕과 모욕이 되었다. 그러나 야곱이 계속 라헬을 사랑하는데도 레아가 그의 아기를 낳는다는 이상한 사실이 그녀에게 위로가 되었다.
　성경에 나오는 다른 여인들과 달리(창 16:4-5; 삼상 1:2-7), 자녀가 없는 라헬 앞에서 레아는 교만하지 않았다. 그녀는 자기 동생의 질투에도 불구하고 관대하고 겸손했다. 하지만 가정의 분위기는 여전히 무겁고 불안했다. 무거움과 불안의 정도는 조그마한 사건에도 민감한 반응을 보이는 것으로 드러난다. 어느 날 르우벤이 합환채를 가지고 자

기 어머니를 놀라게 하려고 했다. 그것은 '사랑의 열매'라고도 불리는 조그마한 자두 같은 과일이었다. 당시에는 합환채가 부와 행복과 출산을 가져다준다고 믿었다. 라헬은 레아가 그녀의 아들에게 받은 관심이 부러웠고 합환채도 갖고 싶었다. "그것을 내게 주시오." 라헬이 말했다(창 30:14 참조). 그녀의 강한 요구에 레아도 평정을 잃고 거센 논쟁이 벌어졌다. "네가 내 남편을 빼앗은 것이 작은 일이냐?" 그녀는 날카롭게 대답했다. "그런데 네가 내 아들의 합환채도 빼앗고자 하느냐?"(창 30:15 참조)

하지만 라헬은 자기가 원하는 것을 어떻게 얻을 수 있는지 알고 있었다. "합환채 대신에 오늘 밤에 내 남편이 언니와 동침하리라"(창 30:15). 두 자매 중 동생이며, 두 번째 아내인 라헬이 더 우세한 태도로 레아에게 호의를 베풀었다.

거룩한 결혼생활과 인간관계의 기본적인 원칙으로 비추어볼 때, 그것은 매우 비열한 제안이었다. 하지만 야곱의 사랑을 얻기 위해서는 무엇이든 기꺼이 하려고 하는 레아는 다시 한 번 자기 자신에게 굴욕적인 일을 했다.

그날 저녁 야곱이 집에 돌아왔을 때 레아는 마치 주인의 총애를 구걸하는 애완견처럼 야곱의 사랑을 갈망하며 애걸했다. "오늘 밤은 나와 동침해요. 내가 합환채로 당신을 샀어요"(창 30:16 참조). 거룩하신 하나님께서 거룩하게 보시는 것을 그처럼 우롱하는 사람을 용납하신다는 것이 놀라울 따름이다. 결혼과 사랑은 서로에 대한 존경으로 이루어져야 한다.

결혼생활(당신의 결혼, 혹은 주변 사람들의 결혼)을 존중할 수 있는 구체적인 방법 세 가지를 말해보라.
당신의 공동체에 있는 결혼관계를 격려하고 지지할 수 있는 방법은 무엇인가?

이와 같이 비도덕적인 방법으로 이루어졌음에도 불구하고 가족의 수가 빠르게 증가한 것은 하나님의 계획이었다. 하나님께서 야곱의 조상 아브라함에게 주신 약속(그가 큰 민족이 되리라는 약속)이 성취되어야 했으며(창 12:2), 그것은 또한 야곱에게 주신 약속이기도 했다(창 28:14-15).

신실한 믿음의 소유자인 레아는 그 계획에서 중요한 위치를 차지했다. 그녀는 열두 아들 중 지파의 우두머리인 여섯 아들을 이 세상에 내보냈다. 그러나 끝까지 야곱의 사랑을 얻지 못했다. 그녀가 살아있는 동안 야곱은 언제나 라헬을 더 좋아했다.

가족이 약속한 땅으로 돌아갈 때, 레아는 그것을 다시 한 번 체험했다. 그들이 국경 가까이에 갔을 때, 야곱은 20년 전에 에서를 속이고 그의 화를 면하기 위해 고향을 떠났던 일이 두려워졌다(창 27장). 그의 형이 자기 가족 전체에게 복수할 것이 겁이 나서 그는 가족들을 작은 그룹으로 나누었다. 첫 그룹은 첩들과 그들의 아들들이었다. 그 뒤를 레아와 그녀의 자녀들이 따라갔다. 맨 마지막, 가장 안전한 자리는 요셉과 라헬을 위해 남겨두었다. 라헬은 위협당하고 있는 위험한 자리에서 가장 먼 곳에 있었다.

시력이 약했던 레아는 불행한 결혼을 한 여인으로 역사에 기록되어 있다. 성경은 야곱이 단지 레아의 외모만으로 그녀를 거부했는지에 대해 분명하게 말하지 않는다. 아마도 그녀의 성격과 특성이 남편과 너무 달라서 조화로운 연합이 어려웠던 것인지도 모른다. 그러나 한 가지만은 분명하다. 레아는 일생 동안 뼈아픈 눈물을 여러 번 흘렸다는 것이다.

야곱은 죽기 직전에 요셉과 만나서 그가 어떻게 가나안에 있는 에브랏 근처에 라헬을 묻었는지 설명했다(창 48:7). 그런 다음 아들들을 불러 모으고 그들의 장래를 예언하고 그들에게 레아가 막벨라에 있는 가족묘에 묻혔음을 이야기했다. 그렇게 해서 레아는 죽은 후에 아브라함과 사라와 이삭과 리브가와 함께 나란히 명예로운 자리에 놓였다(창 49:30-31).

레아의 이야기는 경고도 되고 격려도 된다. 그녀의 생애는 사람들에게 하나님의 뜻을 거스르는 결정을 하지 말라는 경고를 준다. 사랑을 가볍게 취급하거나, 혼인 서약을 나눈 뒤 상대방의 사랑을 얻으려고 하는 사람들의 경거망동을 막아준다.

또한 레아의 이야기는 하나님께서 우리를 어떻게 보시는가에 대한 통찰과 격려를 준다. 하나님께서는 외모가 아니라 마음으로 레아를 평가하셨다. 그러한 상황에 놓인 레아를 있는 그대로 받아주셨다. 하나님의 크신 사랑으로, 견딜 수 없을 만큼 고통스러운 삶을 살아가는 사람을 온 인류에게 축복이 흘러 나가는 통로로 사용하셨다.

HER NAME
IS WOMAN:
BELIEVERS
AND
LEARNERS

05

디나

호기심으로 범죄와 슬픔을 가져온 소녀
(창 34:1-15, 24-29)

인간을 물건이나 목적으로 여기는 것은
그 사람에 대한 폭력을 정당화하는 첫 단계다.
_ 진 킬보른(Jean Kilbourne)

야곱의 딸 디나는 지루함을 느꼈다. 물론 그럴 만한 충분한 이유가 있었다. 염소 가죽으로 만든 장막 안에서의 생활은 10대 소녀에게 만족을 주지 못했고, 부모는 너무 나이가 많아서 이야기할 수 있는 사람이라곤 오라비들뿐이었다.

디나는 제대로 안정을 취할 기회도 많이 갖지 못했다. 그녀의 삶은 끊임없이 움직이는 방랑 생활이었다. 원래 메소포타미아에 있는 하란(북동쪽으로 약 650킬로미터 떨어진 곳)에서 이주한(창 31:18) 그녀의 가족은 계속 방랑하고 있었다.

그들은 잠깐 동안 멈추었다가 다시 땅에서 장막 핀을 빼내고 계속 걸었다. 짐승들과 보조를 맞추기 위해 한 걸음 한 걸음 움직이며 더욱더 열심히 걸었다.

추방당한 느낌을 가져본 적이 있는가? 누구나 외롭고 소외되었다고 느낄 때가 있다. 그럴 때 당신은 하나님께 무엇을 구하는가? 그 기도에 어떤 응답을 받았는가?

드디어 가나안에 도착했다. 그녀의 아버지는 세겜 성에 있는 살렘 근처에 장막을 세우고 땅을 조금 샀다(창 33:18-20). 그는 하나님께서 그의 조상 아브라함과 이삭에게 약속하신 땅에 정착하려 했다. 그 약속을 통해 가나안은 야곱의 것이기도 했기 때문이다. 그러나 야곱이 벧엘로 가기 위해 조금 더 여행하지 않은 것은 의아하다. 30여 년 전 벧엘에서 하나님이 그에게 가나안을 주시겠다고 약속하셨기 때문이다(창 28:19-22, 31:13). 하나님에 대한 야곱의 사랑이 식어버린 것일까?

세겜은 에발(Ebal)산과 에브라임(Ephraim) 산지와 그리심(Gerizim)산을 질러가는 요새로, 북쪽과 서쪽으로 가는 길을 장악하기에 적합한 곳이었다. 아름다운 경치와 선진 문화를 자랑하는 세겜 땅은 결코 한적한 곳이 아니었다. 매일같이 동쪽에서 애굽으로 가는 상인들과 이주민들이 이국풍의 옷을 입고 그 성을 통과했다.

하지만 혼자 있는 디나는 심심했고, 불안정했다. 아버지의 장막보다 좀 더 재미있고 멋진 곳이 그리웠다. 다른 소녀들도 만나고 싶었다. 세겜 땅의 소녀들은 아름다운 동양 의상 때문에 화사해 보인다는 말을 들었기 때문이다. 그녀는 그러한 옷을 직접 보고 싶어서 부모님의 장막을 떠나 세겜을 향해 걷기 시작했다.

권태나 불안 때문에 신중하지 못한 결정을 한 적이 있는가?
그 결과는 어떠했는가?

부모님은 그녀가 장막을 떠나고 있다는 것을 알았을까? 그녀에게 충고해줄 사람이 아무도 없었을까? 누군가 디나가 부딪힐 위험을 경고해주었을까? 증조모 사라와 조모인 리브가는 과거에 그들이 방문했던 땅에서 왕의 관심을 끈 것 때문에 큰 곤경에 빠졌었다(창 12:14-20, 26:7-11). 하나님이 개입하셔서 그들에게 남편이 있다는 것이 밝혀진 덕분에 재난을 모면했다. 그러나 디나는 혼자였고, 어렸고, 경험도 없었다. 당시에는 딸들이 부모의 엄한 보호 아래 있었다. 디나의 아버지 역시 그녀를 잘 보호해야 했다. 하지만 디나가 위험한 호기심에 이끌리는데도 그는 딸 옆에 없었다. 그와 하나님의 냉랭한 관계가 자기 딸을 지혜롭게 돌보지 못한 모습으로 드러난 것일까?

하나님께서 당신이 속한 공동체에 어떤 보호막을 세우셨는가?
당신을 재앙으로부터 보호하는 지혜를 누가 제공하는가?

드디어 디나는 세겜 땅에 도착했다. 그녀가 그곳의 아름다운 것들을 얼마나 보았는지에 대해서는 알려져 있지 않다. 그러나 디나의 몸은 세겜 땅의 왕자의 침실에서 더럽혀졌다. 하몰의 아들 세겜 왕자는 그녀를 보자마자 침실로 끌어들여 강간했다.

호기심과 충동으로 시작된 그녀의 여행은 도덕적 타락과 비탄으로 끝나는 불행한 연쇄 반응을 일으켰다. 야곱의 가족과 이방인들과의 안정적인 관계는 그 일 이후 돌이킬 수 없는 슬픔으로 치달았다.

―

성폭행은 어떤 상황에서든,
어떤 여성에게든 일어나지 말아야 할 끔찍한 범죄다.
딸에 대한 야곱의 무관심과 가족이 이방 도시에 가까이 가지 못하도록
막지 못한 것이 디나가 위험한 지역에 들어가게 된 단초를 제공했다.
성경은 "복 있는 사람은 악인들의 꾀를 따르지 아니하며
죄인들의 길에 서지 아니하며 오만한 자들의 자리에 앉지 아니한다"
(시 1:1)고 기록한다. 죄 있는 곳은 피하는 것이 지혜다.
당신의 삶에서 "죄인들의 길"에 가까워질 수 있는 영역은 무엇인가?

―

디나가 세겜 왕자와 함께 왕궁에 있는 동안 야곱과 그의 아들들은 디나에게 무슨 일이 일어났는지 들었다. 세겜의 아버지 하몰은 야곱을 찾아갔다. "내 아들이 당신의 딸을 진심으로 사랑하고 있소. 세겜과 디나가 결혼하게 해주시오"(창 34:8 참조). 그다음 세겜이 왔다. 디나에게 끔찍한 잘못을 저지른 그는 그녀를 아내로 맞아 야곱의 가족과 평화롭게 지내려는 것 같았다. 그는 아무 거리낌 없이 야곱에게 디나를 달라고 요청했다. "제게 은혜를 베푸십시오. 아무리 큰 혼수와 예물을 청할지라도 당신들이 원하는 대로 드릴 테니 당신의 딸을 내게 주십시오"(창 34:11-12 참조). 세겜은 분명 디나에게 대단한 관심을

가지고 있었다. 그는 디나를 사랑했고, 그녀에게 부드럽게 말했다. 그러면 디나는? 성경에는 그에 대한 기록이 없다. 그녀는 두려워했을까? 이제 다른 남자와는 결혼할 수 없을 거라고 생각했을까? 자신을 강간한 뒤 결혼하자며 찾아온 그를 거부했을까?

야곱의 가족을 기쁘게 하기 위해 하몰은 야곱에게 세겜 사람들과 서로 통혼하고 함께 장사할 것을 제안했다. 그러나 디나의 오라비 시므온과 레위는 화를 냈다. 당연한 일이었다. 그들은 하나님과 언약을 맺은 지파였으므로 좀 더 높은 기준을 가져야 했다. 하나님께서는 그들이 거룩한 백성이 되기 바라셨다. 그들은 주변의 모든 이교도들과 달라야 했다. 그들의 법률에서 처녀성을 잃는 것은 크나큰 범죄였다(신 22:20-21). 그들은 너무나 큰 충격을 받고 화가 났다. 그런 모욕을 묵과할 수 없었다. 그것은 그들 모두에게 범한 폭행이나 마찬가지였다. 그래서 분노하며 말했다. "절대 있을 수 없는 일이다."

그들의 분노는 정당했지만 복수한 방법은 옳지 않았다. 야곱과 하나님과의 관계 결핍은 디나의 희생을 초래했다. 그리고 그의 아들들을 지혜롭게 인도하지 못한 결과로 하나님의 방법이 아닌 죄악된 계획과 행동이 시작되었다. 시므온과 레위는 그들을 위선적으로 대했다. 그들은 양 종족이 서로 교류하자는 하몰 왕의 제안에 동의하는 체하면서 세겜 성의 모든 주민이 히브리 남자들의 의무적 의식인 할례를 받아야 한다는 조건을 내세웠다. 그들의 요구는 두 형제가 신앙에 대해 얼마나 피상적으로 생각하고 있는지 드러낸다. 그들은 신앙의 참된 의미를 외적인 표시로 잘못 받아들였다. 더 나쁜 것은, 할례

의식을 그들이 미리 계획한 살인을 감추는 데 사용한 것이다.

당신의 결정을 합리화하는 데 신앙을 사용한 적이 있는가?
그것이 당신과 하나님의 관계에 어떤 영향을 주었는가?
다른 사람들과의 관계에 어떤 결과를 가져왔는가?

하몰과 세겜은 그들의 요청대로 의식을 거행했다. 사흘째 되는 날, 시므온과 레위는 칼을 가지고 성으로 들어갔다. 남자들 모두가 상처의 고통으로 움직이지 못할 때, 성 안에 있는 사람들을 모두 죽여버렸다. 한 사람씩 칼로 목을 베거나 찌르며, 며칠 전 함께 언약을 맺는 체 가장했던 하몰과 세겜까지도 조금도 주저하지 않고 죽였다. 하나님과의 관계 결핍에서 시작된 일은 결국 살인으로 끝났다. 그러나 자신들을 의심하지 않았던 사람들에게 행한 소름 끼치는 살인도 시므온과 레위의 증오심을 완전히 식히지 못했다. 그들은 성을 노략질하고 모든 양떼와 가축을 빼앗았으며 여인과 아이들까지 사로잡았다.

결국 야곱의 아들들은 세상이 미워하는 살인자가 되었고, 씻을 수 없는 비난을 짊어지게 되었다. 수많은 사람이 그들의 잔인함 때문에 목숨을 잃었다. 세겜 성의 여인들과 자녀들은 슬픔을 지닌 과부와 집 없는 고아가 되었다. 야곱은 비통한 마음으로 시므온과 레위를 나무랐다. "너희는 이 땅의 모든 사람에게 악취를 풍겼다. 그들이 몰려와서 우리 모두를 죽일 것이다"(창 34:30 참조). 그러나 참으로 고통을 당한 것은 하나님의 이름(야곱의 이름과 하나님의 백성의 이름은 너무도 밀접하게 관련되어 있다(창 32:28-29))이었다. 야곱은 이에 대한 언급을 소홀히 했다. 하나님의 명예보다 자신의 이름과 후대에 전해질 이야기에 더 관심을 가졌다. 이 모든 일은 하나님과의 관계를 소홀히 하며 딸의 불행과 아들들의 죄를 초래한 아버지에게 주어진 사인이었다.

당신의 이름과 명예, 그리고 하나님의 이름과 영광 중
어느 것에 더 신경을 쓰는가?
이것이 당신의 삶과 태도에 어떻게 나타나는가?

가족에 대한 그의 태도 역시 바르지 못했다. 그는 시므온과 레위가 자신을 불명예스럽게 한 것에 대해 나무랄 뿐 그들의 죄에 대해서는 언급하지 않았다. 성경은 야곱이 아버지로서 딸에게 가졌던 관심과 권위에 대해 언급하지 않는다. 다만 그와 같이 고통스러운 상황에서 디나는 가장 필요한 아버지의 관심을 받지 못한 듯하다. 야곱은 오직 자기 자신만 생각했다. 어머니가 그녀를 이해하고 위로했는지에 대한 기록도 없다. 하지만 사랑 때문에 그토록 고통받은 레아 외에 누가 그녀를 이해할 수 있었겠는가! 디나가 입은 상처는 평생 동안 쉽게 아물지 않았을 것이다. 그 사건 이후, 야곱은 하나님의 명령을 따라 벧엘로 갔다. 그곳에서 비로소 하나님을 섬기며 가족을 인도하는 아버지가 되었다. 디나의 이야기는 하나님과의 관계를 소홀히 할 때 우리 자신뿐 아니라 우리가 사랑하는 사람의 삶까지도 비극으로 만들 수 있다는 가슴 아픈 교훈을 준다.

HER NAME IS WOMAN: BELIEVERS AND LEARNERS

06

다말

자기 권리를 옹호한, 버림받은 여인
(창 38:6-30)

천부적인 재능이 있는 여성들이 남성보다 활발하게 그들의 재능을 행사하고,
남성들이 여성이나 다른 사람들을 이기적으로,
혹은 부당하게 행동한 책임을 묻는다면,
남성들은 모두 사라져버리는 편이 더 나을 것이다.
_ 존 스켄조니(John Scanzoni)

'종려나무'라는 뜻의 이름을 가진 다말이 긴 옷을 꺼내 입었다. 허리를 끈으로 꼭 졸라매자, 그녀의 날씬한 몸에서부터 늘어진 주름이 땅에까지 닿을 정도였다. 그녀는 이제 막 벗어 놓은 과부의 의복을 들여다보며 생각에 잠긴 듯하다가 곧 베일을 취해야 한다는 것을 기억했다.

다말은 다시 한 번 자신을 들여다보았다. 수년 전까지 그녀는 화려한 색깔의 옷을 입곤 했다. 그러나 이제는 즐거웠던 그때를 기억할 수 없었다.

옷차림 덕분에 조금 젊어 보였지만 그녀의 표정은 즐겁지 않았다. 그녀의 눈빛은 심각했고, 입 주위에는 말할 수 없는 슬픔이 있었다. 그녀는 외롭고 버림받은 과부였다.

그녀의 행동은 단호했다. 그녀는 자기가 원하는 바를 알고 있었다. 마음속으로 천천히 무르익은 결정과 그 결과를 숙고하면서 그 대가가 비쌀 것이라는 예상도 했다. 무거운 마음으로 그녀는 자기가 정말 피하고 싶었던 계획을 수행하려는 참이었다.

그녀의 권리를 찾아주려고 하는 사람이 아무도 없었기에, 그녀는 하는 수 없이 스스로 권리를 찾아야겠다고 생각했다. 수년 동안 시아버지 유다로부터 소식이 오기를 기다렸지만 아무 소식도 오지 않았다. 다말은 '아버님께서 나를 완전히 잊어버리셨나봐.' 생각했다. 결국 다말은 유다를 만나러 갔다.

다말은 자기가 살고 있는 친정집 문을 닫으며 지난날 자기와 시아버지인 유다와 그의 아들이 함께했던 시간을 회상해보았다.

유다가 그녀를 그의 장자 엘의 신부로 택했을 때 얼마나 자부심을 가졌었던가.

유다는 멀리 메소포타미아 지방에서 가나안으로 온 존경받는 장로 야곱의 아들이었다. 야곱은 부유하고 아들이 많았을 뿐 아니라 천지를 지으신 하나님을 경외하는 사람으로 알려져 있었다. 그와 그의 아들들은 해의 신이나 달의 신, 혹은 나무나 돌로 만든 우상을 섬기지 않았다. 영원하신 하나님이 그들의 주님이었고, 그래서 그들은 매우 특별했다.

그러한 요소들은 자연히 다말에게 기대를 갖게 했다. 그녀는 엘과 결혼하는 것을 특권으로 여겼다. 하지만 모든 것이 그녀가 바랐던 것과 반대로 흘러갔다. 그녀의 남편은 전혀 경건하지 않았다. 그의 행동은 하나님의 진노를 일으키기에 충분했다. 그래서 하나님은 그의 생명을 취하셨다.

당시 다말이 속해 있던 지파의 율법은 자녀가 없는 여인이 과부로 남아 있는 것을 금하고 있었다. 지도자들은 어떤 상황에서든 한 남자의 이름을 망각해서는 안 된다고 믿었다.

며느리가 된 다말은 남편이 죽은 뒤 시아버지의 권위 아래 있었다. 다말의 첫 번째 결혼처럼, 두 번째 결혼도 유다가 주선해주어야 했다. "네 형수 다말과 결혼해라." 유다는 그의 둘째 아들 오난에게 말했다. "우리 율법 중에 죽은 사람의 동생에게 요구되는 것이 있다. 너와 형수 사이에 아들을 낳아 그가 네 형의 후손이 되게 해야 한다"(창 38:8 참조).

둘째 아들 오난은 자기 의무를 이행하려고 그녀와 결혼했다. 하지만 겉으로만 그런 척했을 뿐 그 결혼은 사실상 속임수에 불과했다. 오난은 자기 형의 기억을 되살리고 새로운 후손이 태어나게 하는 것을 거부하며 아내가 임신이 되지 못하게 했다.

그러한 행동은 다말에게 큰 슬픔을 가져다주었다. 오난은 그녀에게 모욕을 주었을 뿐 아니라 하나님께서 세우신 거룩한 결혼을 손상시켰다. 또한 그는 유다의 후손이 계승되는 것을 의도적으로 파괴하는 행동을 여러 번 계속했다.

하지만 유다 지파를 통해 약속된 메시아가 나와야 했기에, 하나님은 그 죄를 용서하실 수 없었다. 그 예언은 야곱이 죽을 때 명백해졌다(창 49:8-10). 유다의 아들들이 그 사실을 어느 정도나 알고 있었는지는 알 수 없다. 그러나 앞날을 모른다고 해서 오난의 태도가 덜 비열해지는 것은 아니다.

> 순종하지 않고 있는 하나님의 뜻이 있는가?
> 그렇게 하는 이유는 무엇인가?

엘과 같이 오난도 그의 죄 때문에 하나님께 죽임을 당했다. 그리고 다말은 두 번째로 과부가 되었다. 이후 그녀의 신앙과 인간에 대한 신뢰는 몹시 손상되었다. 그녀가 여전히 믿고 있는 유일한 사람은 시아버지 유다뿐이었다.

유다는 "내 막내아들 셀라가 장성할 때까지 기다렸다가 재혼해라."라고 말했다. "그러면 그가 네 남편이 될 것이다"(창 38:11 참조).

그래서 다말은 친정으로 돌아가, 셀라가 결혼할 수 있을 만큼 자랄 때까지 기다렸다. 그녀는 독립적인 생활을 할 수도 없었고, 개인적인 발전을 꾀할 수도 없었다. 당시 독신여성이나 과부는 주어진 권위 아래에서 시키는 대로만 해야 했다.

날이 가고 해가 바뀌고 세월이 계속 흘렀지만, 다말의 삶에는 아무런 변화가 없었다. 셀라는 결코 자기 차지가 될 수 없다는 사실이 그녀에게 점점 더 분명하게 다가왔다.

다말은 두 남편의 죽음이 자기 때문이라고 비난하는 사람들을 이해하기 시작했다. 유다도 자기 아들들의 비행을 생각하기보다 그녀를 비난했다.

그것을 눈치 챈 다말은 더 이상 유다를 믿지 않게 되었다. 지금까지의 결혼에서 그녀에게 의견을 물어온 적이 한 번도 없었고, 그녀의 감정에 대해서도 아무도 묻지 않았다. 그녀는 다만 남자가 자기 마음대로 취급할 수 있는, 아무 권리도 없는 여인으로 간주될 뿐이었다. 남자가 여자를 다스리게 된다는, 하와에게 내려진 저주가 그녀에게도 역시 내려져 있었다(창 3:16).

―

하와에게 내린 저주가 오늘날 어떤 모습으로 나타나는가?
착취와 지배, 소외된 여인들을 위해 당신이 할 수 있는 일은 무엇인가?

―

하지만 다말은 그러한 상황에서 참고만 있으려 하지 않았다. 자기가 받은 모욕적인 대우에 상처받긴 했지만, 결코 다른 남편으로부터 위로를 받으려 노력하지 않았다. 그녀는 셀라가 자기와 결혼하지 않으리라는 사실을 알았음에도 불구하고 시아버지의 의견을 존중했다. 그리고 자신의 이름이 유다 지파에 올라 있다는 사실을 시아버지가 잊어버리기 원할지도 모른다고 생각했다.

그녀는 자기가 당면한 문제를 생각하면서 이미 모든 기회가 떨어져나갔다는 사실을 알았지만, 자기 의무를 소홀히 하지 않았다. "땅에 충만하라"는 명령은 남자와 여자에게 똑같이 주어진 첫 번째 의무였다(창 1:28). 남자가 하나님께서 주신 의무를 이행하지 않았다고 해서 자신도 그 의무를 저버리는 것은 변명이 될 수 없다고 생각했다. 그녀는 인간으로서 하나님께 자기 행동에 대해 책임을 져야 했다. 그

의무를 벗어버릴 수 있는 자유가 있음에도 불구하고 다말은 타협하기를 거부했다.

후계자를 낳아야 한다는 책임이 다말을 무겁게 짓눌렀다. 그녀는 어떤 대가를 치르더라도 유다 지파가 끊어지는 것을 막아야 한다는 것을 직관적으로 이해했으며, 자기가 하려는 일이 신앙적인 의무라고 생각했다. 그래서 다말은 자기 시아버지를 만날 준비를 했다.

한편 유다는 아둘람에서 딤나로 가는 길이었다. 그는 자기 앞에 놓인 시간에 기대를 걸고 있었다. 그의 조상 아브라함과 이삭과 야곱처럼 그는 부유한 목자였다. 그리고 지금은 딤나로 가서 양털 깎는 것을 보려고 하는 참이었다. 양털을 깎는 대규모 작업이 끝난 뒤에는 큰 잔치가 있을 것이다. 그 잔치에는 특별한 음료와 음식이 많이 나오기 때문에 모든 사람이 몇 주 동안 그 잔치에 대해 이야기했다. 유다는 앞으로 있을 행사를 생각하며 흥분했다. 흘러간 시간은 염려로 가득 찬 세월이었다. 몇 년 동안 그의 삶은 죽은 아들들 때문에 큰 슬픔에 놓여 있었다. 최근에 아내를 잃어버리면서 그의 어깨에는 또 하나의 짐이 올려졌다.

그러나 슬픔의 시간을 보낸 지금, 유다는 쉬고 싶었다. 다시 한 번 사회 안에서 자기 위치를 찾고 싶었다. 그래서 그는 정장을 하고 여행을 했다. 금과 은으로 만든 끈에 걸려 있는 도장을 목에 걸고 지나가는 사람들에게 자신이 특별한 사람이라는 것을 입증했다. 손에는 자기 지파의 우두머리라는 것을 보여주는 위엄의 상징, 지팡이를 들고 있었다.

그는 걸어가다가 에나임 마을 입구 가까이에 있는 길옆에서 한 여인을 발견했다. 베일을 두르고 있어서 개인적인 이야기는 할 수 없었다. 그러나 유다는 그녀를 보고 '창녀구나.' 생각했다. 그 여자와의 개인적인 접촉에 관심이 없었기 때문에 여인의 베일이 불쾌하지 않았다. 다만 그의 성적 만족을 위한 대상으로서 그의 욕정을 불러일으켰다.

―

다른 사람을 향한 범죄는 종종 그가 하나님의 형상대로 창조되었고
그 모습 그대로 구원을 받을 수 있다는 점을 고려하지 못한 결과다.
하나님의 형상대로 창조된 사람을 대하면서
그에 합당한 존엄성과 명예를 존중하지 않은 적이 있는가?
그 사람에게 보인 행동을 어떻게 바로잡을 수 있는가?

―

그녀는 잠자리에 대한 보상으로 염소 세 마리를 약속받았다. 염소는 보통 그런 죄에 대한 대가로 지불되었다. 따라서 유다는 그 염소들이 창녀들이 헌신하고 있는 여신의 신전에서 희생제물이 될 것을 알고 있었다.

그러나 여인은 그의 말을 전적으로 믿을 수가 없었다. 약속한 염소가 도착하지 않을까봐 염려했다. "당신의 약속을 확증할 수 있는 담보물을 주시겠습니까?" 그녀가 물었다(창 38:17 참조). 그러자 유다는 그녀에게 선택권을 주었다. 그녀는 그의 명예와 위엄의 상징인 도장과 지팡이를 요구했고, 그는 조금도 주저 없이 그것을 건네주었다.

그녀를 만난 후 유다는 계속 딤나로 향했다. 그리고 베일을 쓴 여인이었던 다말은 자기 친정으로 돌아가서 베일을 벗고 과부의 의복으로 바꾸어 입었다. 그 후 얼마 동안은 마치 아무 일도 없었던 것처럼 지냈다.

얼마 후 유다가 친구를 시켜서 염소를 주고 도장과 지팡이를 찾아오려 했지만 그 여인을 찾을 수 없었다. 그가 에나임 사람들에게 어디 가면 창녀를 찾을 수 있는지 묻자 사람들은 깜짝 놀랐다. "창녀요?" "우리는 그런 여인을 모릅니다. 여기는 창녀가 없습니다."

그러한 상황에서 유다는 하나님께서 자기 행동을 지키시도록 의탁하지 않았다. 그저 다른 사람들이 어떻게 말할 것인가에 대해서만 두려워했다. 사람들이 만약 자기가 한 일을 알게 된다면, 그는 분명 백성들 사이에서 웃음거리가 될 것이었다. 그는 자신이 얼마나 성적 욕망에 눈이 어두웠는지 생각하며 충격을 받았다. 생각 없는 행동 때문에 그의 명성이 위기에 놓였다. 그가 할 수 있는 유일한 일은 그 상황을 완전히 잊는 것뿐이었다. 그 여인 역시 도덕적인 죄 때문에 고통을 받을 것이라는 사실도 잊어버리려 애썼다. 그는 그녀가 그 죄 때문에 목숨을 잃을 수도 있다는 사실을 알고 있었다. 훗날 그 형벌은 하나님의 율법에 기록될 것이다.

―

잘못을 감추면서 괜찮을 것이라는 기대를 가져본 적이 있는가?
그 결과는 어떠했는가?

―

3개월 후 다말의 머리 위로 폭풍우가 몰아쳤다. 그녀의 시아버지 유다도 그녀의 부도덕한 임신 소식을 들었다. 유다의 분노는 한없이 타올랐고, 그것은 당연한 일이었다. 다말은 그의 지파의 이름을 더럽혔다. 그녀는 그의 두 아들의 아내였고 막내아들의 신부가 될 사람으로 내정되어 있었다. 또한 그는 가장으로서 다말이 저지른 죄에 대해 판단할 권리를 가지고 있었다. 거룩한 혼례를 무시한 사람은 누구든지 벌을 받아 마땅했다(히 13:4).

그의 심판은 냉혹하고 무정했다. 다말은 그녀의 죄에 적용되는 가장 큰 심판을 받아야 했다. 사건의 전말도 묻지 않고 유다는 그녀에게 사형 선고를 내렸다. "그를 끌어내어 불사르라"고 소리쳤다(창 38:24).

그것은 두려움과 분노가 뒤섞인 심판이었을까? 자기 아들의 죽음과 다말을 연관시킨 것이었을까? 다말을 불사름으로써 셀라와 그녀에 대한 자신의 약속 위반과 그에 대한 자기 정죄의 감정을 불사르려 했던 것일까?

마음속으로 누구를 판단해본 적이 있는가?
그로 인해 어떤 죄를 짓게 되는가?

다말은 조용하고 위엄을 갖춘 태도로 과부의 의복을 입고 나타났다. 처형 장소에 도착하기 직전에 그녀는 자기를 호송하는 사람 중 한 명에게 도장과 지팡이를 건네주며 이렇게 말했다. "이것을 시아버

님께 갖다 드리시오. 그리고 이것을 알아볼 수 있느냐고 물어보십시오. 이 물건의 주인이 바로 내 아기의 아버지라고 그에게 말하시오"(창 38:25 참조).

물건을 본 유다는 깜짝 놀라며 간담이 서늘해졌다. 자기의 죄가 그 물건에 의해 공개적으로 노출되었기 때문이다. 그는 더 이상 숨길 수 없었다. 자기가 다말에게서 빼앗은 법적 권리를 그녀 스스로 옹호했다는 사실이 부끄러웠다. 그는 결국 "그는 나보다 옳도다."라고 인정했다. "내가 그를 내 아들 셀라에게 주지 아니하였음이로다"(창 38:26).

유다는 자신이 어떤 죄를 지었는지 기억했을까? 다말이 그를 유혹한 것이 아니었다. 그가 그녀를 취했다. 그녀의 동기는 고상했던 반면, 그의 행동은 불법적인 육체적 욕망으로 자극된 것이었다. 그녀는 이스라엘의 후계자 계승을 생각하고 있었다. 그녀는 단지 자신의 의무라고 여긴 것을 행한 것이다.

만약 유다가 좀 더 솔직했다면 자신이 두 개의 잣대를 사용했다는 것을 인정했을 것이다. 그는 이중적인 기준을 사용했으며 자기 자신이 범한 잘못으로 인해 다말이 죽기를 바랐다.

유다와 다말의 이야기를 로마서 2장 1-2절에 비추어 살펴보라.
어떤 결론을 내릴 수 있는가?

6개월 후 다말은 두 아들 베레스와 세라를 낳았다. 셀라와의 결혼은 이제 더 이상 문제가 되지 않았다. 유다가 그의 역할을 대신했다.

공의가 행해졌으므로 셀라는 다말과 결혼할 필요가 없었다.

오랜 시간이 흐른 뒤 마태는 예수 그리스도의 계보를 적어 놓았다 (마 1:1-17). 그것은 주로 남자들의 이름이 길게 나열되어 있는 것이다. 여자는 다섯 명만 언급되어 있다. 그중 다말이 첫 번째이고, 예수님의 어머니 마리아가 마지막을 장식하고 있다.

예수 그리스도의 계보에 제일 먼저 오른 여인은 버림받은 여인 다말이었다. 그녀의 아들 베레스는 나사렛 예수의 혈통이 되었다. 그것은 하나님께서 죄를 인정하셨다는 증거가 아니다. 인간의 실패까지도 하나님의 역사를 나타내는 데 사용하신다는 사실을 확인해주는 것이다.

성경은 영웅들을 나열하고 있는 화랑이 아니다. 이 세상을 향한 하나님의 계획에 자신들도 해당될 수 있다는 것을 경험하고 행복한 경이감을 느낀 죄 많은 사람들의 이야기를 제시하고 있다. 하나님의 계획은 예수 그리스도 안에서 우리에게 시작과 완성과 성취를 발견하게 한다.

인류에 대한 그리스도의 사랑은 이 족보로 증명되었다. 그리스도는 지상에서의 삶을 대비하여 꺼림칙한 남녀의 가정에서 태어날 준비를 하셨을 뿐 아니라 그 사랑의 깊이를 과시하기 위해 그 점을 더욱 강조하셨다. 그분은 이 세상에서 죄인이라고 여기는 모든 죄인과 동일시되는 것을 두려워하지 않으셨다.

또한 그리스도께서는 이 땅에 계실 때 여성들을 위해 매우 특별한 일을 하셨다. 그분은 여성들의 지위와 가치를 회복시켜 주셨으며, 하와가 에덴동산에서 타락하기 전에 하나님께서 만들어주셨던 여성 본래의 위치로 되돌리셨다. 그리스도는 편견 없이 존중하며 여성들에게 다가가셨고, 모든 여성을 객관성과 사랑으로 다루셨다. 또한 남녀 간의 차별 대우를 십자가에 못 박으셨다. 그분께서는 이중적인 도덕 기준이 낯설고 거슬렸다.

예를 들면, 어느 날 유대인 지도자들이 간음하다 현장에서 잡힌 여인을 데리고 왔다(요 8:3-11). 그러한 죄를 범한 여인은 죽여야 한다고 말했다. 그 말뜻은 모세의 율법에 순종해야 한다는 것이며, 거기에는 여자를 정죄하는 동시에 예수님을 올무에 빠뜨리려는 그들의 함정이 도사리고 있었다.

예수님은 그 여인이 범한 죄에 대해 변명하지 않으셨다. 하지만 그녀의 고소자들을 세상의 웃음거리가 되게 하셨다. "좋다. 이 여인이 죽을 때까지 돌로 쳐라. 그러나 죄를 지은 적이 없는 사람만 먼저 돌을 던져라!"(요 8:7 참조)

―――

이사야 53장 10절에 나오는 그리스도와 다말이 관계가 있는가?
있다면 어떤 관계인가?

―――

여인을 고소했던 자들은 선뜻 돌을 집어 들지 못했다. 그 대신 슬그머니 물러가버렸다. 구세주께서 그들의 부정직과 사랑 없는 편견을 지적함으로써 그들의 마음을 정죄하셨기 때문이다.

다말의 이야기는 예수 그리스도의 빛이 비칠 때 더욱 분명하게 드러난다. 그녀에 대한 모든 비판에도 불구하고 다말은 부러움을 살 만한 여인이 되었다. 예수 그리스도께서는 이 세상에서의 그분의 계보 초기 역사에서 그녀에게 어머니가 되는 명예를 베풀어주셨다.

이 여인들이 족보에 포함된 사실이
그리스도에 대해 무엇을 말해주는가?

HER NAME IS WOMAN: BELIEVERS AND LEARNERS

07 나오미

다른 사람의 안녕을 염려했던 미망인
(룻 1:1-6, 15-22, 4:14-17)

> 당신에게 왔다가 더 나아지고 더 행복해지지 않은 채
> 돌아가는 사람이 없도록 하라.
> 하나님의 인자하심을 표현하는 사람이 돼라.
> 얼굴에서, 눈빛에서, 미소에서, 따스한 인사에서 인자함을 나타내라.
> _ 테레사 수녀(Mother Teresa)

엘리멜렉의 미망인 나오미는 새로 태어난 아기를 무릎에 안고 사랑스럽게 바라보았다. 그녀는 감사를 표현할 길이 없어 할 말을 잊고 있었다. 감정의 물결이 물밀 듯 흘러넘쳤고, 그녀 주위에는 흥분한 이웃 여인들의 목소리가 울려 퍼졌다. "룻이 아들을 낳았어요." 그들은 즐겁게 소리쳤다. "찬송할지로다! 나오미여, 노년에 당신을 돌볼 자가 있겠군요. 그보다 더 중요한 것은 당신의 가족 중에 구속자가 있다는 거예요." "이 어린 아들이 이스라엘에서 유명해지기를 바랍니다"(룻 4:14 참조).

나오미는 웃었다. '나의 하나님은 왕이시다'라는 의미인 그녀의 남편의 이름이 계승될 수 있었다. 이제 그의 유산이 남에게 주어지지 않을 것이다. 그녀의 죽은 아들들의 이름도 잊혀지지 않을 것이다.

그녀는 다시 한 번 어린 아기를 바라보았다. 그는 '종'이라는 의미로 오벳이라고 이름 지었다. 그녀는 이스라엘의 여호와 하나님께서 참으로 오벳의 생애에 왕이 되시기를 말없이 기도드렸다. 그런 뒤 그녀는 엘리멜렉을 생각했다. 그와의 추억이 홍수처럼 밀려왔다.

그녀는 남편과 두 아들을 데리고 이스라엘의 기근을 피해 유다에서 모압으로 여행을 가던 길을 돌이켜 생각했다. 흉년이 어찌나 심했던지 "빵집"이라고 불리는 베들레헴은 나라의 곡창인데도 그곳까지 기근이 퍼져 있었다.

엘리멜렉은 가족에 대한 무거운 책임을 느꼈다. 특히 그의 아들 말론과 기룐이 둘 다 병이 나서 점점 야위어갔다. "이민을 가자." 엘리멜렉이 제안했다. "모압 땅으로 가자. 거기는 양식이 있을 거야. 거기서는 걱정할 필요가 없을 거야"(룻 1:1 참조).

'모든 것이 변하겠지.' 나오미는 생각했다.

모압은 족장 아브라함의 조카 롯의 후손들이 사는 사해 동쪽에 있는 나라였다(창 19:36-37). 그곳은 단순한 이웃 나라가 아니었다. 출애굽 이후로 백성들이 이스라엘 민족을 박해했던 땅이기에 하나님께서 저주하신 국가였다(신 23:3-4; 렘 48:1-47). 모압인들은 하나님 보시기에 거룩하지 못했다. 때문에 하나님의 회중에 들어가도록 허용할 수 없었다.

그러한 사람들 속에서 엘리멜렉과 나오미와 그 아들들이 거주했다. 그러나 그곳에서 지내기 시작한 지 얼마 후에 엘리멜렉이 죽고 말았다.

그들이 살던 곳은 모압이었으므로, 아들들은 모압 여인들 중에서 아내를 취했다. 말론은 룻과, 기룐은 오르바와 결혼했다. 그러나 세월이 흘러도 두 아들 모두 자녀가 없었다. 그것을 보는 나오미는 고통스러웠다.

'하나님께서 우리를 축복하시지 않는 걸까?'

나오미는 스스로에게 물어보았다. 그녀는 모든 이스라엘 사람처럼 자녀는 하나님의 축복이며 자녀가 없는 것은 하나님의 저주라고 믿고 있었다(신 28:4, 18).

게다가 안타깝게도 그녀의 두 아들 기룐과 말론은 젊을 때 죽고 말았다. 그 모든 슬픔이 10년 동안 그녀에게 닥쳐왔다. 그녀는 외로웠다. 자기 나라에서 멀리 떨어져 가족들을 잃고 하나님께로부터 버림받은 채, 그녀는 삶의 의미나 전망도 없이 홀로 미래가 밝아오기만을 기다렸다.

외롭고, 하나님께 버림받은 것처럼 느껴진 적이 있는가?
그 상황을 통하여 하나님께서 당신에게 그분을 어떻게 계시하셨는가?

그러던 중 나오미는 베들레헴에 양식이 풍족해졌다는 소식을 들었다. 하나님께서 그의 백성을 축복하셔서 풍년을 허락하셨다.

그러한 이적은 그녀의 의혹을 확인시켜 주었다. 과거의 흉년은 참으로 하나님께 불순종하는 백성들에 대한 하나님의 경고였다(레 26:14-20).

그녀는 그녀의 가족이 베들레헴을 떠난 것은 사실상 하나님으로부터 멀어지는 것이었음을 깨달았다. 그녀와 엘리멜렉은 베들레헴에서 탁월한 시민이었다. 그녀는 '우리가 만약 하나님 앞에 우리 죄를 자백했다면 백성들을 하나님께로 돌아오게 할 수 있었을 텐데.'라고 생각했다.

하나님의 율법에 비추어볼 때, 두 아들의 결혼은 용납될 수 없었다. 이방인과 결혼하는 이스라엘 사람은 하나님의 백성이 하나님으로부터 멀리 떨어져 방황하지 않게 하려고 지시하신 계명을 위반하는 것이었다(신 7:3-4).

나오미의 확신은 점점 더 커졌다. '돌아가야 해. 더 이상 외국 땅에 머무를 수 없어. 나는 이스라엘 베들레헴에 속해 있어.' 그녀는 가족의 죽음으로 고통을 당했지만, 한편으로는 오르바와 룻의 인품으로 풍성한 축복을 경험했다.

나오미가 고향으로 돌아갈 준비를 할 때, 두 젊은 여인은 주저 없이 그들의 부모를 떠나 시어머니와 함께 가기로 결정했다. 나오미는 그들이 죽은 두 아들의 미망인이었기 때문에 언제나 그들에 대한 책임을 강하게 느끼고 있었다.

하지만 그것이 유일한 이유는 아니었다. 그들은 또한 하나님을 알지 못하는 이방 여인들이었다. 그녀는 하나님을 슬프게 했지만, 그 모든 것에도 불구하고 여전히 자기를 가장 사랑하시는 하나님에 대한 자기의 믿음을 종종 그들과 나누었다.

오르바와 룻에 대한 관심은 또한 그녀가 자기 자신의 슬픔을 잊어버리는 데 도움이 되었다. 다른 사람의 안녕에 마음을 쓰는 것은 좋은 일이다. 그녀는 새로운 마음으로 두 여인과 함께 모압을 떠났다.

당신이 어려울 때 다른 사람들과의 관계가 어떻게 힘이 되었는가?
어려움을 겪고 있는 사람들을 어떻게 격려할 수 있는가?

베들레헴으로 가는 도중 나오미는 갑자기 자부들의 최종 결정을 다시 생각하게 되었다. 그들의 장래는 전적으로 새로운 결혼에 달려 있지 않은가.

그녀들이 언젠가 다른 남편에게 속하게 되리라는 생각은 정말로 고통스러웠다. 가라앉아 있던 아들들의 죽음의 고통이 다시 한 번 표면으로 떠올랐다. 그러나 동시에 룻과 오르바의 행복에 대한 생각이 사라지자 그녀는 두 며느리가 새로운 행복의 기회를 발견하게 되기를 바랐다.

하지만 그 사실을 알고도 룻과 오르바는 그녀와 함께 떠나기 원했다. 행복을 찾아서 자기 집으로 돌아가는 대신, 그들은 자기들에 대해 편견을 가지고 있는 나라에 들어가기로 결정했다. 율법을 준수하는 이스라엘 사람이 모압 여인과 결혼할 가능성은 생각조차 할 수 없는 일이었다.

"너희는 각기 너희 어머니의 집으로 돌아가라." 나오미가 간청했다. "너희가 죽은 자들과 나를 선대한 것같이 여호와께서 너희를 선대하시기를 원하노라"(룻 1:8 참조).

다른 사람에게 가장 좋은 것을 추구하려면
종종 나 자신을 희생해야 한다.
다른 사람이 당신에게 이렇게 해준 적이 있는가?
그때 어떤 마음이 들었는가?

그러나 오르바와 룻은 강력하게 그녀의 제안을 거부했다. "아닙니다." 그들은 울면서 말했다. "우리는 어머니와 함께 어머니의 백성에게로 돌아가겠나이다"(룻 1:10).

나오미는 자신의 앞날이 눈에 선했지만 그 마음을 돌이키지 않았다. 그녀의 삶은 더욱 공허해질 것이다. 그녀는 남편과 자녀가 없을 뿐 아니라 자부들까지도 잃어버릴 것이다. 그러나 하나님께서는 그녀에게 이기적인 사람이 되지 않도록 은혜를 주셨다. 그녀는 두 여인의 안녕을 위해 자기 노후의 안정을 기꺼이 포기하려 했다.

세 미망인은 외지고 태양이 내리쬐는 길에 서서 각자의 감정을 누르지 못한 채 울고 있었다. 잠시 후 오르바가 나오미에게로 다가가 그녀를 끌어안고는 모압 쪽으로 돌아섰다. 그러자 룻은 자기 시어머니에게 다가가서 그녀를 꼭 붙들었다.

"네 동서처럼 돌아가거라"(룻 1:15 참조). 나오미가 말했다. 그러나 룻은 격렬하게 머리를 흔들었다. 그리고 "내게 어머니를 떠나며 어머니를 따르지 말고 돌아가라 강권하지 마옵소서. 어머니께서 가시는 곳에 나도 가고 어머니께서 머무시는 곳에서 나도 머물겠나이다. 어머니의 백성이 나의 백성이 되고 어머니의 하나님이 나의 하나님이 되시리니"(룻 1:16)라고 말했다.

"어머니의 하나님이 나의 하나님이 되시리니"라는 말이 나오미를 깊이 감동시켰다. 그 말은 룻이 자기 시어머니와 함께 머물기를 택했을 뿐 아니라 이스라엘의 하나님을 택했다는 것을 증명했다. 룻은 나오미가 하나님에 대해 했던 말을 이해했던 것이다. 나오미의 타락에도 불구하고 하나님께서는 그녀의 말을 축복하셨다. 그 자체가 놀라운 은혜였고 과분한 호의였다.

하나님께서 멀리 있거나 타락한 사람들을 부르시기 위해 당신을 사용하신 적이 있는가? 그때 어떤 느낌이었는가?

그와 같이 고무적인 경험에도 불구하고 그녀가 도착한 베들레헴의 상황은 몹시 실망스러웠다. 그녀가 돌아온다는 소식은 순식간에 퍼졌고, 성 전체를 소란케 했다. "그 소식 들었나요?" 사람들이 서로 수군거렸다. "나오미가 돌아온대요"(룻 1:19 참조). 오랫동안 그녀가 없었는데도 사람들은 여전히 그녀를 기억하고 있었다. 그녀는 부유한 시민 보아스의 친척이 아니었던가.

하지만 사람들이 나오미에게 인사하면서 보인 반응은 그녀가 그동안 얼마나 변했는지 대변해주었다. "네가 나오미냐?" 여인들은 믿을 수 없다는 듯 물었다(룻 1:19). 나오미는 그들의 눈을 통해 자신의 모습을 들여다보았다. 그녀는 슬픔으로 깊은 고랑이 생긴 생기 없는 얼굴을 가진 여인이 되어 있었다. 그녀의 성격도 모든 빛깔을 잃어버렸다. 그녀의 이름은 '희락'이라는 뜻이었지만, 모든 기쁨이 사라졌다. 베들레헴 사람들도 그것을 눈치 채고 있었다.

"나를 나오미라 부르지 말고 마라라 부르라." 그녀는 충동적으로 대답했다(룻 1:20). '마라'라는 이름은 '괴로움'이라는 뜻이었고 그것은 바로 그녀가 느끼는 바였다. 하지만 그녀의 괴로움은 자기 비애에서 나온 것이었고, 그러한 자기 비애는 다른 사람을 비난하게 했다. 억압된 그녀의 슬픔과 절망은 하나님에 대한 원망으로 발산되었다. "전능자가 나를 심히 괴롭게 하셨음이니라. 내가 풍족하게 나갔더니 여호와께서 내게 비어 돌아오게 하셨느니라"(룻 1:20-21).

당신의 삶 가운데 쓴뿌리나 자기연민을 느끼는 부분이 있는가?
마음이 상해서 하나님께 대든 적이 있는가?
그런 생각을 바꾸기 위해 당신이 할 수 있는 일은 무엇인가?

그녀는 엘리멜렉과 모압으로 갈 때 하나님으로부터 멀리 떠나갔다는 사실은 말하지 않았다. 또한 자신이 비어서 돌아오지 않았다는 사실을 아직 깨닫지 못하고 있었다. 그녀에게는 이제부터 자기와 삶을 같이 나눌 사랑스러운 며느리가 있었다.

그 순간부터 그녀의 삶은 변화되기 시작했다. 모압에서 하나님의 축복 없음이 분명하게 나타난 것처럼 베들레헴에서는 하나님의 축복이 명확하게 드러났다.

그녀는 종종 하나님께서 모세에게 주신 율법의 말씀을 묵상했다. "내가 오늘 복과 저주를 너희 앞에 두나니, 너희가 만일 내가 오늘 너희에게 명하는 너희의 하나님 여호와의 명령을 들으면 복이 될 것이요, 너희가 만일 내가 오늘 너희에게 명하는 도에서 돌이켜 떠나 너희의 하나님 여호와의 명령을 듣지 아니하고, 본래 알지 못하던 다른 신들을 따르면 저주를 받으리라"(신 11:26-28).

나오미는 일찍부터 딸처럼 자기를 돌보는 룻을 통해 하나님의 축복을 경험했다. 또한 그녀는 하나님의 인도하심을 통해서도 그분의 축복을 보았다. 하나님께서는 처음부터 그 두 사람을 보아스에게 인도하셨고 보아스는 그들의 삶을 찬란하게 변화시켰다.

나오미는 하나님께서 그들을 인도하심을 깨닫고, 하나님이 룻에게 보아스와 새로 결혼하게 될 기쁨을 주시지 않을까 생각하며 룻에게 말했다. "내 딸아, 내가 너를 위하여 남편을 구해 너도 행복하게 재혼하도록 해주어야 하지 않겠느냐?"(룻 3:1 참조).

보아스는 부유한 지주였다. 그러나 그보다 더 중요한 것은 그가 주님을 경외하는 자라는 사실이다.

룻과 사랑에 빠진 그는 그녀와의 결혼을 조금도 주저하지 않았다. 그 결혼의 결과로 어린 오벳이 나오미의 무릎 위에 놓인 것이다. 말론과의 결혼에서 자녀가 없었던 룻은 이제 하나님의 축복으로 자녀를 갖게 되었다.

아기로 인해 과거에 대한 나오미의 생각이 중단되었다. 이웃 여인들이 말했다. "나오미가 아들을 낳았다." 그녀는 자기의 혈통을 이은 흔적이 조금도 없는 손자를 보고 미소 지었다. 그 생각이 그녀를 비통하게 만들지 않았다. 오히려 그 손자를 안고 즐거워했다. "말론과 룻의 아기였다면 더 행복했을 텐데."라고 말하지 않았다.

> 하나님이 현재 당신에게 주신 것을 망치는 '…했다면'이라는 유익하지 못한 생각은 무엇인가?
> 그런 생각을 이기기 위해 묵상해야 할 성경구절은 무엇인가?

나오미는 현실을 받아들였다. 그 아기가 자기 자신의 손자인 양 오벳에게 자기 마음을 열었다. 그 아기는 자기에게 일곱 아들보다 더 귀한 룻의 아들이 아닌가. 그 자체가 완전한 행복이었고, 그래서 그녀는 감사했다. 뿐만 아니라 오벳은 유대인의 법률에 따라 말론의 아들로 간주되었기 때문에 그녀는 실제로 손자를 둔 셈이었다.

나오미의 앞날은 점점 밝아졌다. 모든 외로움이 태양 앞에 눈 녹듯 사라져버렸다. 그녀가 사랑으로 돌보았던 룻이 이제는 시머어니에게 줄 수 있는 모든 행복을 가져다주었다. 할머니가 어머니 대신 아기를 돌보고 있었다.

나오미는 다시 한 번 즐거운 자, 사랑을 주고받는 자가 되었다. 마라는 이제 그녀의 등 뒤로 사라졌다. 이웃 여인들이 "여호와를 경축할지어다." 말했다(룻 4:14 참조). 그 말은 그녀의 가슴속에 오래도록 머물렀다. 그녀의 고난과 슬픔과 실패에도 불구하고 하나님은 그녀에게 선을 베푸셨다.

참으로 하나님은 선하셨다. 그녀는 자기 무릎 위에 누워 있는 아기가 자기 백성의 역사와 구속의 역사 속에서 특별한 연결고리가 되리라고는 생각하지 못했다. 자기가 이스라엘의 가장 사랑받는 왕, 다윗의 할아버지를 양육하고 있다고 상상이나 했겠는가? 오직 미래만이 다윗과 함께 메시아의 탄생을 드러낼 것이다. 다른 사람의 안녕을 염두에 두었던 나오미는 자신의 삶이 천 년 후에 오실 이 세상의 구세주 예수 그리스도와 연결되리라고는 조금도 생각지 못했다.

**HER NAME
IS WOMAN:
BELIEVERS
AND
LEARNERS**

08

밧세바

하나님을 욕되게 하는 것을 막지 못한 여인
(삼하 11:1-17, 26-27)

> 이제 네가 나를 업신여기고
> 헷 사람 우리아의 처를 빼앗아 네 아내로 삼았은즉
> 칼이 네 집에서 영원토록 떠나지 아니하리라.
> _ 나단(삼하 12:10)

아비가일이 보았던 다윗의 영광스러운 미래는 이미 오래전에 실현되었다.

다윗은 7년 반 동안 유다의 왕이었다가 이스라엘 전국을 다스리는 왕이 되었나.

그가 이스라엘을 다스리는 동안, 그와 그의 아내들에게 영향을 끼쳤던 몇 번의 폭풍우가 있었다(삼상 30:1-6).

하지만 그러한 여러 가지 어려움에도 불구하고 한 가지 사실만은 남아 있었다.

무엇보다 그는 여전히 하나님께 충실했다.

또한 그는 자기 신하 한 사람 한 사람을 공정하게 대우하는 의로운 왕이었다.

성경이 다윗에 대해
긍정적으로 말하는 것은 무엇인가?(삼하 5:10; 행 13:22)
그리고 부정적인 설명은 무엇인가?(삼하 12:10; 왕상 15:5)

여호와께서는 다윗과 함께 계심을 여러 번 확증해주셨다. 이스라엘의 하나님은 이스라엘 주변 민족들 사이에서도 높이 존중되었다.

그러나 다윗의 신실함에 문제가 생겼다. 암몬 족속과의 전쟁을 멈추게 했던 우기가 끝나자 요압 장군과 그의 군대는 전쟁터로 돌아갔다(삼하 11:1). 그러나 다윗 왕은 예전처럼 자기 군대와 함께 행군에 나서지 않고 집에 머물러 있었다. 그는 자기 의무를 이행하는 대신 게으름에 빠져 있었다. 이 게으름은 그에게 좋지 않은 결과를 가져왔다. 나태함과 무관심은 하나님의 사람에게 사탄을 위한 유혹의 문을 열어주었다(벧전 5:8). 어느 봄날 저녁, 다윗은 운명적인 산책을 하게 되었다. 잠을 이룰 수 없었던 그는 침상에서 일어나 궁전 지붕을 거닐었다. 그러다가 밧세바라는 여인이 자기 집 지붕 위에서 목욕을 하고 있는 것을 보았다.

이스라엘 왕으로서의 의무를 이행하지 않고 게을렀던 다윗은 사탄의 미끼에 쉽게 걸려들었다. 그는 욥과 같이 다른 여자들을 정욕의 눈으로 바라보지 않겠다고 언약을 세우지도 않았다(욥 31:1). 그것을 범하는 자의 생애에서 소멸시키는 불이 될 부드러운 육욕의 죄와 신중하게 맞서 싸우지도 않았다.

낙원에서의 숙명적인 시간처럼(사탄은 독창적이지 못했다) 사탄은 또다시 눈으로 유혹했다. 하와가 그랬던 것처럼(창 3:6) 다윗은 자기 눈에 보이는 것을 마음의 욕망으로 삼게 되었다. 그 욕망을 즉각적이고 철저하게 버리지 않았기에 점점 더 악을 억제할 수 없게 되었다.

당신은 유혹에 어떻게 맞서는가? 사탄이 우는 사자처럼 돌아다니는데, 어떤 방법으로 당신의 눈을 지키고 악한 소욕을 버릴 것인가?

밧세바는 보기 드문 미인이었다. 그녀의 아버지 엘리암은 다윗의 영웅 중 한 사람이었고, 그녀의 남편 우리아는 왕의 군대에서 충실하고 양심적으로 자기 의무를 수행하는, 헌신적이고 용감한 장교였다.

성경에는 그녀의 마음이 어떠했는지에 대한 언급이 없다. 하지만 그녀가 누군가의 눈에 띄려 했다고 믿을 만한 아무 이유가 없다. 아마도 그녀는 궁전 지붕에서 남자가 다니는 것을 보지 못했을 것이다. 왕은 대부분 집에서 멀리 떠나 있는 군인이었으니 말이다.

왕들이 그와 같은 식으로 행동했던 것은 분명하다. 하지만 그것은 하나님의 마음에 합한 다윗에게는 온당치 못한 행동이었다. 궁전의 부름을 받은 밧세바는 당연히 가야 했다. 당시 문화에서 그녀는 반드시 순종해야만 했다. 이후에 전개될 극적 사건의 주인공인 그녀에게는 이 일에 주도적인 책임이 없었다.

밧세바는 너무도 무력한 위치였다. 어쩌면 그녀는 아비가일처럼(삼상 25:23-31) 하나님께서 다윗에게 원하시는 바를 이야기했을지 모른다. 혹은 그를 거절할 경우 죽게 될 것이 두려워 순순히 굴복했을지도 모른다. 그녀의 상황은 다음과 같이 용감하게 말했던 요셉의 경우와 비교할 수 있다. "내가 어찌 이 큰 악을 행하여 하나님께 죄를 지으리이까"(창 39:9). 하지만 그녀의 경우에는 설령 분명한 태도를 취했다 해도 강제될 수밖에 없었다.

다윗과 밧세바를 야고보서 1장 14-15절에 비추어 살펴보라.
다윗의 죄는 어떻게 시작되었는가?

다윗의 죄는 밧세바와 그녀의 남편 우리아를 향했지만 궁극적으로는 하나님을 겨냥했다. 하나님의 마음을 떠났던 그는 이 일로 영원히 씻을 수 없는 불명예를 입었다. 그는 이스라엘의 원수들이 하나님의 이름을 비방할 이유를 제공했다(삼하 12:14). 그리스도께서 오시기 천 년 전에 하나님을 욕되게 했다. 그리스도께서 오신 지 이천 년 후에 범람하는 할리우드의 불빛은 다윗과 밧세바의 죄를 가차 없이 드러낸다. 성경은 아무것도 숨기지 않는다. 밧세바가 잉태한 아이의 아버지가 다윗인지 아닌지에 대한 모든 의심을 걷어버렸다. 모든 사실이 서서히 밝혀졌으며 그러한 사실과 함께 깜짝 놀랄 만한 죄가 전개되었다. 자기 군대에 대한 다윗의 태만으로 시작된 일이 밧세바가 결혼했다는 말을 들은 뒤에도 멈추지 않은 정욕으로 인해 살인으로 발전했다. 이와 같은 진전은 훗날 야고보가 경고한 모형 그대로였다(약 1:14-15). 다윗의 정욕적인 욕망은 그를 유혹하고 꾀었으며 그것에 굴

복함으로써 죽음을 초래했다. 명백한 기록만 해도 다섯 명이나 죽음에 이르렀다.

당신의 죄가 다른 사람에게 영향을 미친 경우를 생각해보라.
그 상황을 통해 하나님께서 무엇을 가르쳐주셨는가?

다윗의 양심은 몹시 무디어져 있었다. 선지자 나단이 그 문제를 정면으로 내놓을 때까지, 그는 자신의 행동이 어디까지 확대되었는지 전혀 인식하지 못했다(삼하 12:1-9). 하지만 그때는 이미 9개월이 지난 뒤였다. 하나님과 매우 친밀한 동행을 경험하고, "하나님이여, 주는 나의 하나님이시라. 내가 간절히 주를 찾되 물이 없어 마르고 황폐한 땅에서 내 영혼이 주를 갈망하며 내 육체가 주를 앙모하나이다"(시 63:1)라고 탄식하던 사람이 하나님 앞에서 그 여러 달 동안 줄곧 입을 다물고 있었던 것이다. 뿐만 아니라 하나님에 대한 그의 지각은 어두워져 있었으며, 자신에 대한 통찰력도 매우 둔감해져 있었다.

계속 죄 가운데 살면 양심이 무디어진다.
그런 경험을 해본 적 있는가?
하나님께서 어떻게 회개하게 하셨는가?

나단이 다윗의 이름을 밝히지 않고 그의 죄를 밝혔을 때, 왕은 주저 없이 그 죄인에게 사형 선고를 내렸다.

다윗의 죄는 죽음과 슬픔의 연쇄 반응을 일으켰다. "다윗이 행한 그 일이 여호와 보시기에 악하였기" 때문이다(삼하 11:27). 죄가 다윗의 발 앞에 놓였다. 또한 이것은 힘없는 여인을 거침없이 취한 다윗의 위치와 힘의 영향력을 드러낸다. 모세의 율법에 따르면 두 사람은 죽어 마땅하지만(레 20:10), 하나님께서는 그들에게 자비를 베푸셨다. 다윗이 자기 죄를 자백한 뒤에 그 두 사람은 살아남았지만 그들의 아이는 죽었다. 뿐만 아니라 다윗의 생애에는 이중의 저주가 내려졌다. 다윗이 우리아의 아내를 취함으로써 하나님을 불명예스럽게 했기 때문에, 칼이 그의 집에서 영영히 떠나지 않을 것이다(삼하 12:10). 또한 그의 간음에 대한 벌을 받을 것이다. 즉 다른 남자가 그의 아내들을 공개적으로 욕되게 할 것이다.

이러한 예언은 문자 그대로 이루어졌다. 다윗과 밧세바의 어린 아기는 즉시 죽었다(삼하 12:19). 우리아는 살해되었다. 다윗의 세 아들, 암논(삼하 13:28-30)과 압살롬(삼하 18:14)과 아도니야(왕상 2:24-25)는 험한 죽음을 당했다. 다윗의 첩들은 모든 이스라엘 사람의 목전에서 그의 아들 중 하나에게 욕을 당했다(삼하 16:22).

성경은 단순히 사람들의 행동만 묘사하지 않는다. 하나님의 위대하심과 무한한 은혜도 선포한다. 다윗은 무엇보다 먼저 하나님께 범죄했음을 깨닫고 자백함으로써 죄의 짐에서 해방되었다. 여호와와의 교제가 회복된 이후 그는 다시 행복해졌으며, 감동적인 참회의 시편으로 새로운 삶의 의미를 표현했다(시 51편). 그의 삶은 새로운 영역을 얻었으며, 시편의 또 다른 방향을 열면서 기쁨으로 나타났다. 그는

"허물의 사함을 얻고 자신의 죄가 가려진 자는 복이 있도다" "마음에 간사함이 없고 여호와께 정죄를 당하지 아니하는 자는 복이 있도다." (시 32:1-2)라고 외쳤다. 그는 변명하지 않았다. 하나님과 밧세바와 우리아에게 지은 자신의 죄를 축소시키지도 않았다.

하나님의 은혜로 한때 무력한 여인이었던 밧세바는 솔로몬의 어머니가 됨으로써 왕궁에서 목소리를 내게 되었다. 그는 머지않아 부와 지혜의 왕으로 널리 알려질 왕이었다. 하나님께서 심판을 선포하도록 택하신 선지자 나단은 그 아이를 '여호와께 사랑받은 자'라는 뜻인 여디디야라고 불렀다(삼하 12:24-25).

아무 음성도 들리지 않는 것처럼 느껴진 적이 있는가?
그때 하나님께서 어떻게 역사하셨는가?
그 일로 당신과 하나님의 관계가 어떻게 변했는가?

밧세바는 훗날 중개자의 역할을 하고, 그녀의 아들 솔로몬은 왕좌를 잇는 후계자가 되었다(왕상 1:11-31). 또한 그녀는 구세주 예수 그리스도의 조상 가운데 한 사람으로 기록되었다(마 1:6).

다윗과 밧세바의 이야기는 하나님의 신실하심을 말해주는 기념비가 되고 있다. 이 이야기는 다윗과 밧세바처럼 모든 인간이 자기 죄를 자백하고 은혜를 따라 사는 법을 배우게 하는 하나의 위로가 된다. 그리고 스스로 무력하다고 느끼는 사람에게도 그 사람만의 역할과 힘을 주시는 하나님의 약속을 보게 한다.

**HER NAME
IS WOMAN:
BELIEVERS
AND
LEARNERS**

09 사르밧 과부

믿음의 도전을 받아들인 여인
(왕상 17:7-24)

> 믿음은 단순한 하나의 행동이 아닌 연속적인 행동이다.
> 그것은 마음의 지속적인 태도이며 의문 없는 순종이다.
> 믿음은 안심할 수 있는 하나님의 보증이 있어야 한다.
> 그리고 믿음은 그 보증을 하나님의 약속에서 발견한다.
> _ 오스왈드 샌더스(J. Oswald Sanders)

그녀는 브니기야에 있는 두로와 시돈 중간에 있는 사르밧이라는 조그마한 항구 도시에 살고 있었다. 그녀의 남편은 죽었다. 심한 가뭄 때문에 그녀와 그녀의 어린 아들도 거의 죽을 지경에 이르렀다. 오랫동안 비가 내리지 않아 땅에 곡식이 자라지 않았다. 식량 비축분도 고갈되어 더 이상 공급될 수 없었다. 일상생활의 어려움은 이 과부에게뿐 아니라 그 나라 온 백성에게 점점 더 커지고 있었다.

당신을 위한 공급(정서적, 신체적, 영적 공급)이 부족하다고 느껴진 상황이 있었는가?
그때 하나님께서 어떻게 채워주셨는가?

그녀에게는 약간의 기름과 가루가 남아 있었다. 그녀와 그녀의 아들이 마지막으로 먹을 만큼이었다. 그것을 먹은 뒤에는 죽음을 기다려야 했다. 그들의 마지막 식사를 준비하기 위해 그녀는 나뭇가지를 주우러 나갔다. 성문에 다다랐을 때 그녀는 길고 헐렁한 옷에 가죽 띠를 두른 사람을 보았다. 하지만 낯선 사람이었기에 누구인지 몰랐다. 그는 이스라엘의 선지자 엘리야였다.

그는 그녀를 불러서 자기에게 물을 조금 가져다 달라고 부탁했다. 그녀는 그가 거룩한 사람임을 깨달았다. 그의 옷으로 보아 그것을 알 수 있었다. 물이 넉넉지 않았지만 그녀는 그를 실망시킬 수 없었다. 그녀는 그가 요청하는 일을 해야 한다고 느꼈다. 엘리야의 하나님이 그녀의 하나님은 아니었다. 그녀는 이방인이었다. 하지만 그녀는 이스라엘의 하나님에 대해 충분히 들었기 때문에 하나님에 대한 깊은 존경과 경외심을 가지고 있었다.

그녀가 물을 가지러 집으로 가려고 돌아섰을 때 그가 말했다. "네 손에 있는 떡 한 조각을 내게로 가져오라."

―

당신은 어떻게 그리스도를 따르게 되었는가?
어려운 상황에서 하나님은 어떤 방법으로
당신의 믿음이 자라게 하셨는가?
구체적인 상황과 그것이 당신에게 영향을 준 방법을 말해보라.

―

그녀는 이런 말로 그에게 상황을 설명했다. "당신의 하나님 여호와께서 살아계심을 두고 맹세하노니 나는 떡이 없고 다만 통에 가루 한 움큼과 병에 기름 조금뿐이라. 내가 나뭇가지 둘을 주워다가 나와 내 아들을 위하여 음식을 만들어 먹고 그 후에는 죽으리라." 그녀는 자신의 우울한 이야기가 그의 요구를 들어줄 수 없다는 사실을 설명해 줄 거라 기대했다. 하지만 그는 이렇게 대답했다. "두려워하지 말고 가서 네 말대로 하려니와 먼저 그것으로 나를 위하여 작은 떡 한 개를 만들어 내게로 가져오고 그 후에 너와 네 아들을 위하여 만들라. 이스라엘의 하나님 여호와의 말씀이 '나 여호와가 비를 지면에 내리는 날까지 그 통의 가루가 떨어지지 아니하고 그 병의 기름이 없어지지 아니하리라.' 하셨느니라"(왕상 17:12-14).

하나님이 친구나 재정 등으로 뜻밖의 공급을 해주신 일이 있는가?
그것이 당신과 하나님의 관계에 어떤 영향을 주었는가?

그녀는 결코 없어지지 않는 무언가를 가져본 일이 없었다. 개인적으로 이스라엘의 하나님과 아무런 접촉도 없었다. 그 사람이 하나님의 이름으로 이야기하고는 있지만, 그가 하나님의 보내심을 받았다는 보증이 어디 있는가! 그녀는 자신을 위해서는 기꺼이 위험을 무릅쓸 수 있었다. 그러나 자기 자녀, 즉 외아들의 생명을 고려해야 했다.
 큰 믿음의 행동이 이방 여인인 그녀에게 요구되었다. 하나님의 종이라는 아무 증거도 없는 사람의 말을 믿으라는 도전을 받은 것이다. 어떻게 그를 믿을 수 있을까?

그녀는 그 사람의 목소리에서 어떤 권위를 느낄 수 있었다. 그래서 모험을 했다. 그랬더니 그녀가 선지자에게 식사를 대접한 뒤에도 여전히 자기와 아들이 먹을 가루와 기름이 남아 있었다!

이적은 여러 날 동안 계속되었다. 그 경험은 광야에서 이스라엘 민족에게 하나님께서 계속 먹을 것을 공급해주시던 것과 비슷했다(출 16장). 또한 그것은 매일매일 그녀의 믿음에 도전이 되었다. 그 공급은 언제나 여분의 음식을 만들거나 충분히 신뢰하기 어려울 만큼 보잘것없는 양이었다. 그녀는 다만 하나님의 약속만을 믿을 뿐이었다.

―

유형이든 무형이든 하나님께서
오직 일용할 양식만 공급하시던 때를 경험해보았는가?
그것이 당신의 믿음을 자라게 했는가?
그렇게 생각하는 이유는 무엇인가?

―

그래서 날마다 그녀에게는 믿음, 즉 말씀에 대한 믿음의 행동이 요구되었다. 그리고 그녀와 그녀의 아들과 엘리야는 매일 이적을 경험했다. 통 안에는 매일 그들 모두가 먹을 만한 양의 가루와 기름이 남아 있었기 때문이다. 그 일은 여러 날 동안 계속되었다. 그리고 그녀의 믿음은 하나님께 안주하게 되었다.

그러던 중 그녀가 이해할 수 없는 일이 일어났다. 엘리야는 그녀의 집에서 지내는 동안 다락을 사용하고 있었다. 히브리서 저자는 손님을 대접하는 사람은 부지중에 천사를 대접할 수 있다고 말한다(히

13:2). 그것이 바로 그녀가 경험한 바였다. 기근의 시기에 바쁘게 일하고 있던 죽음의 천사가 그녀의 방에는 들어오지 않았고, 그녀는 죽음의 천사에게 희생되지 않았다.

그러므로 기근 후에 그녀의 아들이 갑자기 병이 난 것은 도무지 이해할 수 없는 일이었다. 아들은 그녀가 선지자에게 이야기할 사이도 없이 죽고 말았다. 그녀는 이해하지 못했다. 왜 하나님께서는 기근의 시기에 아이를 살려두셨다가 이제 와서 그를 죽게 하신 걸까? 죽음은 완전히 다른 각도에서 자신의 미끼를 낚아채고 있었다. 그것이 그녀를 당황하게 했다.

자기 집에 하나님의 거룩한 사람을 모시면서, 그녀는 자신이 죄 많은 여인이었음을 깨달았다. 그것이 그녀의 아들이 죽은 이유였을까? 죄가 그 값을 요구한 것일까? 그녀는 그 질문을 가지고 결사적으로 선지자와 맞섰다.

"네 아들을 내게 달라." 엘리야가 말했다. 그는 죽은 아이를 안고 다락으로 올라가서 자기 침상에 눕혔다. 그리고 나서 아이에 대해 기도하며 하나님과 씨름했다. "내 하나님 여호와여, 주께서 또 내가 우거하는 집 과부에게 재앙을 내리사 그 아들이 죽게 하셨나이까? 이 아이의 혼으로 그의 몸에 돌아오게 하옵소서."라고 아이 위에 몸을 세 번 펴서 엎드리고 간구했다(왕상 17:20-21 참조). 마치 자기의 생명과 몸의 온기를 차가운 그 아이에게 전달시키려는 것 같았다.

말할 수 없이 기쁘게도, 하나님께서는 엘리야의 기도에 응답하셨다. 그는 아이가 살아나는 것을 보았고, 그 아이를 그의 어머니에게 돌려주었다. 그 아이의 부활은 사람이 죽음에서 부활한 성경 최초의 기록이다.

그러는 동안 과부는 믿음의 위기를 경험했다. 식량이 불어나는 기적은 선지자의 명령에 대한 그녀의 믿음을 강하게 해주었다. 그는 위임받은 사람이었고 하나님의 말씀을 전했다. 그를 신뢰할 수 있었다. 그것을 말로 분명하게 표현한 적은 없지만 그녀는 현재 일어나고 있는 드라마 같은 사실에 너무도 밀접하게 연관되어 있었고, 놀라움에 사로잡혀 있었으며, 충격을 받았다. 때문에 하나님께서 자기를 위해 놀라운 일을 행하고 계시다는 사실을 깨달을 수 없었다.

이후 기근이 끝났을 때, 그녀는 지난날을 돌아보며 이중의 축복을 경험했을 것이다. 자신의 생명이 매일매일 연장되는 것을 경험했을 뿐 아니라 죽음으로부터의 부활도 경험했기 때문이다.

이것을 경험한 그녀는 믿음을 분명히 이야기하게 되었다. "내가 이제야 당신은 하나님의 사람이시요 당신의 입에 있는 여호와의 말씀이 진실한 줄 아노라"(왕상 17: 24). 그녀는 더 이상 하나님의 말씀을 의심치 않았을 것이다. 믿음에 대한 두 번째 시험은 첫 번째 시험보다 훨씬 더 어려운 것이었지만, 그것을 통해 그녀는 더 성숙해지고 풍성해졌다.

큰 고난은 위대한 믿음을 자극한다. 하지만 그러한 믿음에는 먼저 순수함이 시험된다. 하나님께서는 그것의 가치를 알기 원하시기 때문에 고난을 허용하신다. 고난의 시험을 받은 뒤에도 남아 있는 믿음이 진정으로 순결한 믿음이다(벧전 1:6-7, 4:12-13).

베드로전서 1장 6-7절은 믿음의 진실성이 시험(검증)받는다고 말한다.

열왕기상 17장 17-24절을 다시 읽으라.

특히 마지막 절을 주의해 읽으라.

그 과부는 어떻게 그러한 경험을 했는가?

그 시험을 어떻게 견뎌냈는가?

살면서 고통당했던 때를 생각해보라.

그때 무엇이 당신의 믿음을 드러냈는가?

그녀는 하나님께서 믿음에 대해 높은 보상을 해주신다는 것을 배웠다(히 11:6). 또한 눈에 보이지 않지만 매우 실제적인 믿음의 세계에 더욱 민감해졌다.

하나님께서 치르게 하신 시험으로, 그녀는 하나님의 신실하심에 대한 실재와 확신과 증거를 이해할 수 있었다(히 11:1-2).

**HER NAME
IS WOMAN:
BELIEVERS
AND
LEARNERS**

10

베다니의 마르다

우선순위의 중요성을 깨달은 여인
(눅 10:38-42; 요 11:17-27, 32-44)

> 내가 기도하노라.
> 너희 사랑을 지식과 모든 총명으로 점점 더 풍성하게 하사
> 너희로 지극히 선한 것을 분별하며….
> _ 바울(빌 1:9-10)

마르다는 긴장했다. 13명의 남자 손님이 예기치 않게 자기 집에 들렀기 때문이다. 그들은 3킬로미터 정도 떨어져 있는 예루살렘으로 가는 예수님과 그분의 제자들이었다.

방문객들은 그녀에게 낯선 사람들이 아니었다. 예수님은 마르다와 그의 동생 마리아와 오라비 나사로의 좋은 친구였다. 때때로 제자들과 함께 오셔서 그들과 함께 베다니에서 밤늦게까지 머물러 계시곤 했다. 마르다는 머리 둘 곳도 없으신 주님께서(마 8:20) 그들과 함께 있는 것을 편하게 느끼시는 것이 감사했다.

그녀는 언제나 사람들을 잘 대접했고 사랑하는 마음으로 자기 집을 개방했다. 그리고 자기 손님들을 기쁘게 하는 일을 명예롭게 여겼다.

멋진 집이 아니어도 다른 사람들을 맞이할 수 있다.
손님 대접에는 여러 방식이 있기 때문이다.
이번 주에 손님을 대접할 수 있는 한 가지 방법을 말해보라.

그녀는 먼지를 뒤집어쓰고 배가 고픈 사람들을 위해 안간힘을 기울이고 있었다. 그녀의 집이 좁거나 음식이 모자라서 그런 것이 아니다. 그녀는 꽤 부유했다. 그녀는 다만 동생 마리아가 자기를 도와주지 않고 있기 때문에 조바심을 내고 있었다.

마리아는 주님의 말씀에 귀를 기울이는 데 완전히 몰입되어 있었다. 그녀는 주님의 말씀 한 마디 한 마디를 열심히 경청했다. '어떻게 하면 주님을 더 사랑할 수 있을까? 그분에게서 무엇을 배울 수 있을까?' 이것이 그녀 마음속에 있는 최상의 문제였다.

마르다 역시 동생만큼 예수님의 방문이 기뻤지만 그것을 온전히 누리지는 못했다. 그녀의 생각은 끊임없이 사소하고 이차적인 문제들로 가득 차 있었다. 이것이 바로 그 위대한 시간이 그녀의 주의를 끌지 못한 이유였다. 그녀는 신경질이 나 있었다. 조바심을 냈다. 그리고 그런 경우에 흔히 그렇듯 다른 사람의 잘못을 지적했다.

좋은 일도 우리가 예수님을 최우선으로 두는 데 방해가 될 수 있다.
당신에게 부차적인 일이 가장 중요한 일로 바뀌는 것은 무엇인가?

마르다는 자기 연민에 싸여 고통을 느꼈다. "주여." 그녀가 이야기를 중단시켰다. "내 동생이 나 혼자 일하게 두는 것을 생각하지 아니하시나이까?"(눅 10:40)

> 다른 사람의 책임이라고 비난했는데
> 나중에 스스로 가책이 되었던 때를 생각해보라.
> 처음에는 왜 다른 사람을 비난했는가? 그 일에서 무엇을 배웠는가?

마르다는 손님들 앞에서 자기 동생을 정죄했을 뿐 아니라 예수님까지도 그 정죄에 끼워 넣고 있다는 것을 생각하지 못했다. 그것이 전부가 아니었다. 그녀는 마리아가 와서 자기를 돕게 하라고 감히 주님께 명령했다.

듣는 이들을 매혹시키던 주님의 음성이 갑자기 멈추었다. "마르다야, 마르다야." 주님께서 말씀하셨다. "네가 많은 일로 염려하고 근심하나 몇 가지만 하든지 혹은 한 가지만이라도 족하니라. 마리아는 이 좋은 편을 택하였으니 빼앗기지 아니하리라"(눅 10:41-42).

이 몇 마디 말을 통해 주님은 많은 것을 나타내셨다. 그것은 다음과 같은 경고를 포함하고 있었다.

마르다야, 너는 왜 중요한 일과 이차적인 일을 뒤섞어 놓느냐? 내가 너의 집에 머무르는 동안 왜 중요하지 않은 일에 정신을 빼앗기느냐?

마르다야, 내가 먼저 섬기러 왔다는 것을 모르느냐? 나는 섬김을 받으러 온 것이 아니니라(마 20:28). **나는 잠자리나 음식보다 너 자신에게**

더 관심이 있다는 것을 알지 못하느냐? 너의 대접에 감사한다. 그러나 나의 첫 번째 관심은 대접이 아니라 바로 너 자신이다.

마르다야, 너는 매우 유능하고 지혜롭다. 그런데 왜 그토록 사소한 일까지 다 맡으려 하느냐? 나는 간단한 식사를 더 좋아한다는 것을 알지 못하느냐?

내 나라에서 가장 우선적인 일은 영적인 문제다. 너 자신을 살펴보아라. 자신의 마음을 알아라. 그런 것을 내가 보는 관점에서 보아라. 마리아는 꾸중을 들을 필요가 없다. 오히려 그 꾸중은 네가 받아야 한다. 그러나 너를 사랑하기 때문에 이러한 말을 하는 것이다(히 12:5-6). 일시적인 가치와 이생에 대한 염려가 내 말을 막아버리며(막 4:19) 영원한 문제에 대한 네 견해를 어둡게 만든다.

마르다야, 남을 비판하지 않도록 조심해라(마 7:1-2). 그 대신 그 일을 내게 맡겨라(고전 4:5). 너 자신을 시험해보고, 너 자신의 마음을 판단해보아라(고후 13:5).

> 하나님께서 개인적인 찔림이나 다른 사람의 말로
> 당신의 잘못을 지적하셨던 때를 생각해보라.
> 그때 어떤 기분이었는가?
> 그 일로 하나님이 가르쳐주신 것은 무엇인가?

예수님과 이 가족의 다음 만남은 극단적으로 슬픈 상황이었다. 병과 두려움이 이 행복한 가정에 들어왔다. 나사로가 중한 병에 걸렸

다. 그의 누이들은 지체하지 않고 요단강 저편에서 말씀을 전하고 계시는 예수님께 전갈을 보냈다. 그들이 주님께 한 말은 "주여, 보시옵소서. 사랑하시는 자가 병들었나이다."가 전부였다.

그들은 주님이 즉시 와주실 것으로 기대했다. 그들은 주님이 이곳으로 오시는 것이 가능하다는 것을 알고 있었다. 그러나 예수님은 지체하셨다, 일부러. 그리고 결국 나사로는 죽었다.

―

어려운 상황에 하나님이 '적기'에 나타나지 않으셔서
좌절감을 느낀 적이 있는가?
그때 하나님은 어떤 식으로 나타나셨는가?

―

하나님께서는 그의 병을 통해 특별한 방법으로 영광 받으실 것이다. 마리아와 마르다는 오라버니의 병 고침 때문이 아니라 그의 부활로 인해 기뻐할 것이다. 그것은 그들의 인식을 초월하는 것이었다. 그래서 자매들은 하루에도 몇 번씩 다음과 같은 말을 되풀이했다. "주께서 여기 계셨더라면 나사로는 죽지 않았을 것입니다."

나사로가 죽은 지 나흘이 되어 집에 조문객들이 꽉 차 있을 때 예수께서 도착하셨다. 슬픔에 사로잡힌 마리아는 집에 있었지만 마르다는 성격상 그럴 수 없었다. 주님께서 오시는데 어떻게 조용히 집에만 앉아 있을 수 있겠는가? 있을 수 없는 일이다! 그녀는 주님을 만나서 자기와 마리아가 자주 말했던 것을 반복했다. "주께서 여기 계셨더라면 내 오라비가 죽지 아니하였겠나이다!"

그녀의 말에 또다시 예수님을 비난하는 기미가 있었다.

그러나 한편으로는 믿음과 소망의 표현이었다. 다음과 같은 말을 덧붙임으로써 그녀는 그것을 증명했다. "그러나 나는 이제라도 주께서 무엇이든지 하나님께 구하시는 것을 하나님이 주실 줄을 아나이다"(요 11:21-22).

모든 것을 잃지는 않았다. 주님께서 "네 오라비가 다시 살리라"고 약속하실 때 마르다는 먼 미래를 생각했다.

그러나 예수님은 "나는 부활이요 생명이다."라는 벅찬 사실에 그녀가 맞서게 하셨다.

부활은 오직 장래에만 소망을 주는 것이 아니었다. 그것은 현실이었다. 그 현실은 그녀에게 말씀하고 계신 분 안에서 구현되었다. 그분은 생명을 주실 뿐 아니라 그분 자신이 생명이셨다.

부활은 현재이면서 미래의 사실이라는 말이 무슨 의미인가?
예수님은 당신의 삶에서 어떻게 부활을 보이셨는가?
자신을 생명으로 어떻게 드러내셨는가?

마르다의 대답은 확실한 믿음의 고백이었다. "주여, 그러하외다. 주는 그리스도시요, 세상에 오시는 하나님의 아들이신 줄 내가 믿나이다"(요 11:27).

많은 사람에게 의문과 분열을 가져왔던 문제는 "그가 그리스도냐, 아니냐?"(마 11:3; 요 7:31, 41-43)였다. 마르다는 자기 간증의 의미를 생각조차 못했지만, 그 질문에 긍정적인 대답을 했다. 한때 예수님을 최우선에 두는 일로 번민했던 그녀는 이제 주님에 대한 굳건한 믿음과 신뢰를 드러냈다.

그다음에 일어난 일은 매우 감동적이다. 마르다가 동생 마리아를 불렀다.

마리아가 나와서 예수께 인사를 드렸다. 그들은 예수님이 깊은 슬픔에 잠기신 것을 보았다. 이사야의 말이 실현된 것이다. "그들의 모든 환난에 동참하사"(사 63:9).

하나님의 아들은 눈물 흘리는 것을 수치스럽게 여기지 않았다.

누군가 말했다. "보라, 그를 얼마나 사랑하셨는가!" 어떤 이는 비판적으로 말했다. "그는 눈먼 자의 눈을 뜨게 하지 않았는가? 그렇다면 왜 나사로를 죽게 했단 말인가!"(요 11:36-37 참조)

그러자 예수님은 고통을 드러내셨다.

그분은 다가올 자신의 죽음에서만 고통을 당하신 것이 아니었다. 죽음을 이기고 승리를 증명하는 그 거룩한 순간에도 고통을 당하셨다. 이 땅에 계시는 동안 예수님은 매일매일 그렇게 하셨다. 그분은 사람들의 몰이해로 고통받으셨다(막 6:1-6). 친구들의 불충실함 때문에도 고통을 받으셨다(마 26:31-35; 눅 22:39-45).

무덤 앞에서 마르다는 또다시 예수님을 방해했다. 예수께서 무덤의 돌을 치우라고 말씀하셨을 때, 그녀는 나사로가 죽은 지 이미 나흘이나 되었기 때문에 시신이 부패되었다는 것을 주님께 상기시켜야 한다고 생각했다.

하지만 예수님은 "네가 믿으면 하나님의 영광을 보리라고 내가 말하지 아니하였느냐?" 말씀하시며 최근에 보인 그녀의 믿음을 근거로 부드럽게 격려하셨다.

당신의 삶에서 하나님이 계심을 믿도록
격려받아야 할 부분은 어디인가?
그런 격려를 해주는 성경구절 세 개를 찾아보라.

예수께서 "나사로야, 나오라!"라고 소리치시자마자 죽음은 그 먹이를 놓아주었다. 나사로가 살아서 그들 앞에 섰다. 그들은 그를 만져 볼 수 있었다. 친구들의 슬픔에 무감각하다는 비난을 받았던 예수님은 그분의 생명으로 베다니 사람들에게 우정의 인을 치셨다.

이제 예수님의 자유는 제한되었다. 예수님은 때가 이르기 전에 바리새인들과 대제사장들의 손에 잡히지 않도록 몸을 숨기셔야 했다(요 11:53-54). 몇 주일 후 예수님은 십자가에서 돌아가실 것이다. 나사로와 마르다와 마리아의 죄뿐 아니라 온 세상의 죄를 위해 돌아가실 것이다.

예수님께서 돌아가시기 엿새 전, 마르다는 예수님을 위해 잔치를 베풀었다(요 12:1-2). 그 이야기는 단 몇 마디로 기록되어 있다.

마르다는 대접하기를 그치지 않았다. 그녀는 극단적으로 빠지지 않았다. 그녀는 두드러진 인격의 소유자였다. 대접 잘하는 아름다운 인격과 기꺼이 섬기고자 하는 자세가 여전히 분명하게 드러난다. 그녀는 나사로의 죽음을 통해 믿음을 시험받은 여인이었다.

또한 그녀는 용감한 여인이기도 하다. 유대인들의 증오심이 예수님을 죽일 만큼 극에 달했을 때에도 그녀는 주님께 충성했다.

예수님은 그녀를 사랑하셨다. 그래서 그녀에게 예수님과 우정을 나누는 명예를 주셨다. 사람들을 분별하셨던 예수님은 마르다 같은 여인들이 그들 자신 때문에 불필요하게 고통당한다는 사실을 아셨다. 또한 마르다처럼 착하고 지적이며 활동적인 여인들이 쉽게 넘어지고 이차적인 문제에 빠질 수 있다는 것도 아셨다. 그래서 마르다 같은 여인은 더더욱 예수님이 필요하다. 예수님은 그런 여인들이 부차적인 일에 그들의 생을 바치지 않도록 지켜주신다.

**HER NAME
IS WOMAN:
BELIEVERS
AND
LEARNERS**

11 사마리아 여인

예수님께 "예."라고 대답한 여인
(요 4:4-26, 39-42)

> 그리스도께서는
> 내가 벅찬 현실을 경험하도록 인도하셨다.
> … 미지의 자유와 전망과 기쁨과 일반적인 변화의 삶에서
> 그것이 의미하는 바는 말로 표현할 수 없다.
> _ 빌헬미나(Wilhelmina, 전[前] 네덜란드 여왕)

그녀는 마지못해 물 항아리를 어깨에 메고 쨍쨍 내리쪼이는 한낮의 태양 아래 수가의 먼지 덮인 길로 나섰다.

그녀는 정말 그곳에 가기 싫었지만 다른 도리가 없었다. 그녀는 너무 가난해서 종을 둘 수 없었으며, 평판이 나빴기 때문에 좀 서늘해진 저녁 시간에는 감히 우물가에 갈 수조차 없었다. 마을 사람들이 매일 물을 길으러 우물로 나가는 시간에 나가서 그들을 만나는 모험을 할 수가 없었다.

그녀는 친구 하나 없는, 버림받은 처지였다. 그것은 그녀가 살아온 삶의 결과였다. 조그마한 마을에서 그것은 유난히 눈에 뜨이는 일이었다.

따돌림받는 사람(버림받은 사람) 같다고 생각된 적이 있는가?
그럴 때 예수님이 해주신 말씀은 무엇인가?

우물에 도착하려면 아직 멀었지만 그녀는 한 남자가 우물곁에 앉아 있는 것을 보았다. 먼 곳에서도 그녀는 그가 지쳐 있음을 알 수 있었다. 가까이에서 그의 옷차림과 용모를 본 그녀는 그가 유대인임을 알아차렸다. 그녀는 그가 이곳에 왜 왔는지 궁금했다.

유대인들은 그들의 형제와도 같은 사마리아인들에게 뿌리 깊은 증오심을 갖고 있었기 때문에 어떻게든 사마리아 지역을 피해 다녔다. 유다에서 갈릴리로 여행할 때도 대부분 멀리 돌아서 다녔다. 그들은 '사마리아인들은 죽음 뒤에 아무 분깃이 없다'고 생각했다. 그리고 "사마리아인의 빵을 먹는 자는 돼지고기를 먹는 자와 같다"고 말했다. 더 이상 업신여길 수 없을 정도로 그들을 경멸했다.

그 남자가 자기에게 물을 달라고 부탁했을 때 그녀는 더욱 놀랐다. 그는 보통 사람 같지 않았다. 음성 때문이었을까? 그는 권위 있게 말했지만 명령조는 아니었다. 혹 그것이 그의 표현이나 인간적인 관심이었을까?

그녀는 그의 압도적인 인격 앞에서 불안했고 불편했다. 그녀가 그를 주님으로 생각할 수 없었던 것은 당연한 일이다. 유대인들은 사마리아인과 상종하지 않을 뿐 아니라 유대 남자는 거리에서 여자와 말하는 것조차 금지되어 있었기 때문이었다. 유대인 랍비들은 이렇게 말했다. "율법을 여자에게 공개적으로 보여주느니 차라리 태워버리는 것이 더 낫다." 그런데 왜 그는 사마리아인일 뿐 아니라 여자인 그녀에게 말을 거는 걸까?

우리는 스스로를 무가치하게 볼지라도
예수님은 우리의 가치와 소중함을 보여주신다.
과거나 현재에 자신이 무가치하다고 생각한 이유는 무엇인가?

예수님은 그녀의 질문을 무시해버렸다. 그리고 생수에 대한 말로 그녀의 호기심을 불러일으켰다. 생수에 대해 말씀하시는 그분이 누구인지 알았다면 그녀는 "생수"라는 말에 정신이 번쩍 들었을 것이다. 그것은 그녀의 문제에 해답이 될 것이다. 그것은 매일 물을 길으러 오는 지겨운 일을 하지 않아도 된다는 뜻이기 때문이다. 그녀는 이 세상의 그 어떤 물도 자기의 목마름을 채워줄 수 없다는 것을 깨닫지 못했다. 물질적인 문제의 해결은 진정한 해답이 아니었다. 그녀의 가장 깊은 필요는 영혼 속에 있었다.

예수님은 그분을 향한 당신의 갈급함을 어떻게 해소해주셨는가?

그것이 바로 예수님께서 겨냥하신 목표였다. 예수님은 그녀가 자신의 필요를 채워야 한다는 것을 인식하기 바라셨다. 그 목적 때문에 사마리아로 오셨다.

하지만 그녀는 예수님을 이해하지 못했다. 일상의 문제에 몰두한 나머지 자기 영혼의 필요를 소홀히 했다. "그런 물을 내게 주사 목마르지도 않고 또 여기 물 길으러 오지도 않게 하옵소서"(요 4:15).

당신이 영혼의 필요에 집중하지 못하게 하는
일상의 문제들은 어떤 것인가?

주님의 대답은 단순하면서도 가장 당황스러운 질문으로 이어졌다. "가서 네 남편을 불러오라."

예수님께서 여인에게
"가서 네 남편을 불러오라"고 하신 이유는 무엇일까?

네 남편, 네 남편…. 그러나 그녀에게는 법적인 남편이 없었다. 대화가 우호적으로 진전되고 있을 때 예수님께서 그런 말씀을 하신 것은 깜짝 놀랄 만한 일이었다. 그녀는 남자에 관한 한 많은 경험이 있지만 예수님께는 거짓말을 할 수가 없었다. "나는 남편이 없습니다." 그녀가 대답했다. "나는 결혼하지 않았습니다."

"그 말이 옳다. 너에게는 남자가 다섯 있었지만, 지금 네가 함께 살고 있는 자와 너는 결혼하지 않았다"(요 4:17-18 참조).

그녀는 두려웠다. 이 사람에게는 아무것도 숨길 수 없는 걸까? 예수님 앞에서 그녀의 삶은 마치 펼쳐진 책과 같았다(히 4:13). 하지만 그분은 그녀를 멸시하지도 비난하지도 않으셨다. 얼마나 이상한 일인가! 그분은 그녀의 삶에서 병든 부분, 즉 그녀의 죄를 인식하도록 만드셨다. 그리고 그 죄가 제거될 때까지는 그녀가 갈망하는 생수를 주실 수 없다는 것을 증명하셨다. 종교적인 여자였던 그녀는 간음에 관한 율법을 잘 알고 있었다. 그러나 그때까지는 자기 행동을 변명으로 정당화했다. 하지만 이제 그녀는 자기의 삶이 죄로 지배되고 있음을 분명히 알았다. 하나님 앞에서 죄는 계속될 수 없었다. 온 힘을 다해 정죄되어야 했다.

하나님이 당신의 삶에서 없애라고 하시는 죄는 무엇인가?

"주여, 내가 보니 선지자로소이다." 그녀는 이 말밖에 할 수 없었다. 그런 다음 그녀는 종교 이야기, 즉 그 형식과 논쟁이 어떻게 사람들을 나누어 놓았는가에 대해 이야기하기 시작했다. 종교는 언제나 재미있고 안전한 주제다. 사람들이 자기의 진정한 감정을 감출 수 있는 긴 논쟁을 이끌어가면서 몇 시간이고 끝없이 토론할 수 있다.

하지만 예수님께서는 대화의 주제를 고정시키셨다. 그분이 오신 목적에서 관심을 돌리지 않으셨다. 예수님은 종교는 형식이 아니라 내용이 문제임을 그녀에게 보여주셨다. 하나님은 마음을 다하여 하나님을 찾는 자, 전적으로 하나님을 섬길 자를 찾고 계신다. 하나님 보시기에 가치 있는 것은 다만 믿음뿐이다. 그것이 바로 예수께서 그녀에게 하신 말씀이었다. 예수님은 그녀에게 학식 높은 니고데모에게 하시듯 "진실로 진실로 네게 이르노니"(요 3:5)라고 위엄 있게 말씀하시지 않고 단순하게 "여자여, 내 말을 믿으라"고 하셨다. 주님께서 바라는 결과는 니고데모와 마찬가지로 거듭나는 것이었다.

메시아에 대한 기대가 그녀의 마음을 채웠다. 그리스도께서 어둡고 희미한 모든 것을 분명하게 해주실 것이다. 그 순간 대화는 절정에 이르렀다. 예수님께서는 그녀에게 그녀의 기대가 이루어졌으며, 그 순간 바로 미래가 현재가 될 수 있음을 확신시켜 주셨다.

"내가 바로 메시아다." 그리스도는 먼 미래의 인물이 아니었다. 그분은 혈과 육이셨고, 그녀 앞에 서 계셨다. 주님은 아무에게도 그와 같이 명백하게 말씀하시지 않았던 것을 그녀에게 밝히셨다. "내가 그리스도니라."

그녀를 위해, 오직 그녀만을 위해 주님은 그토록 미움받는 사마리아로 오셨다. 그녀를 위해 주님은 유대인의 규칙과 규정을 무시하셨다. 메시아의 때가 이르렀다. 편견의 시대는 지났다. 종족 간의 증오와 종교적인 대립의 해결책이 나타난 것이다. 아무리 죄가 많은 사람일지라도(롬 3:23) 모든 인간은 이제 두 가지 조건으로 그리스도를 통해 하나님께로 나아갈 수 있다. 첫째, 그는 자기 죄를 인정하고 자백해야 한다(롬 10:9-10). 하나님은 거룩하시므로 자신이 의로우신 하나님 앞에 존재할 수 없다는 것을 인정해야 한다. 둘째, 그는 예수 그리스도를 의뢰해야 한다. 즉 그분을 믿어야 한다. 그분은 하나님과 인간 사이의 중보자시다(요 14:6). 그분은 죄로 말미암은 인간과 하나님 사이의 공백에 다리를 놓으셨다.

일순간에 그녀는 모든 것을 분명하게 깨달았다. 그녀는 죄가 있고, 혐오감을 느끼게 하는, 업신여김을 당할 만한 여인이었다. 반면 예수님은 사랑과 이해, 용서함으로 가득 찬 분이었다. 그녀는 그것이 바로 예수님께서 자기를 찾으신 이유라는 것을 알았다. 그녀는 예수님을 마음속으로 받아들였다. 예수 그리스도께 "예."라고 대답했다.

상하고 찢긴 과거를 가진 여인이 내적으로 자유로워졌다. 죄의 삯으로부터 자유롭게 되었고, 그럼으로써 하나님 보시기에 과거의 오점으로부터도 자유롭게 되었다. 사람들의 비판이 더 이상 그녀에게 상처를 주지 않았다. 이제부터 그녀는 사람들을 부끄러워하지 않고 자유롭게 대할 수 있었다. 사람들을 외적인 모습이 아닌 마음에 따라 판단하는 분께서 그녀에게 자유를 선언하셨다. 그런데 사람들이 어떻게 그녀를 정죄할 수 있겠는가!

―

당신은 지금도 과거의 죄로 고소를 당하는가?
이 본문이 그리스도 안에서 자유를 얻는 데 어떻게 도움을 주는가?

―

그녀의 문제에 대한 해결은 영적으로나 물질적으로 완전했다. 생수의 근원이 그녀를 깨끗케 했고, 그녀의 갈증을 풀어주었으며, 그녀가 가능하다고 생각지 못했던 행복을 가져다주었다.

그녀는 그것을 혼자만 가지고 있지 않았다. 당장 더 중요한 것이 있었기에 자기가 왜 우물에 왔는지 잊어버렸다. 그녀는 메시아가 오셨다는 놀라운 소식을 전하기 위해 마을로 급히 돌아갔다. 누구나 죄를 용서받을 수 있다는 사실을 사람들에게 즉시 이야기해야 했다.

그녀는 하나님의 임재하심을 경험한 사람답게 솔직하고 자유롭게 사람들에게 이야기했다. "나와 함께 가봐요. 나의 과거를 모두 알고 있는 분을 만나보세요. 그분은 분명 그리스도십니다"(요 4:39 참조). 그녀의 부끄러움은 사라졌다. 그녀는 주저함이나 두려움 없이 자기의 부끄러운 과거에 대해 이야기했다. 그녀가 그토록 부끄럽게 여겼던 과거가 행복한 현재와 연결된다는 것을 깨달았다.

우리의 과거는 그리스도의 은혜의 증거다.
하나님께서 당신에게 어떤 이야기를 주셔서
주위 사람들과 나누게 하셨는가?

그녀에게 일어난 변화를 본 사람들이 우물로 달려갔다. 그리고 거기서 메시아를 만났다. 예수님은 그 여인에게 하신 것처럼 그들에게도 자유를 주셨다. 새로운 생명과 영생을 주셨다. 그들은 깊은 감동을 받고 예수님께 좀 더 오래 머물러주시기를 간청했다. 예수님은 그들의 요청을 들어주셨다. 많은 사람이 예수님의 말씀을 들으러 왔고, 그런 사람들이 점점 더 많아졌다. 그들은 그 여인에게 말했다. "이제 우리가 믿는 것은 네 말로 인함이 아니니 이는 우리가 친히 듣고 그가 참으로 세상의 구주신 줄 앎이라"(요 4:42). 그것은 현명한 말이었다. 그 여자가 아니라 예수께서 주목을 받으셔야 한다. 그리스도께서 영광을 받으셔야 한다. 그녀는 단지 예수님을 알려주었을 뿐이다.

그 후 하나님이시며 사람이신 죄 없는 나사렛 예수께서 십자가에 못 박히시던 날 하늘과 땅은 짙은 어두움으로 덮였다. 십자가 처형 후 천사들이 예수님의 부활을 선포했다. 그리고 40일 후 예수께서 승천하시던 날 천사들은 예수님의 재림을 예고했다. 며칠 후 성령께서 하늘에서 강림하셨다. 처음에는 개인에게, 그다음에는 군중에게 임했다. 수천, 수만 명이 새로운 삶을 경험했다. 그러자 새로 믿은 자들에 대해 무서운 핍박이 일어났다. 사탄은 자신의 먹잇감을 쉽게 풀어주지 않았다. 예루살렘에 있던 그리스도인들의 안전이 위협받게 되자 그중 일부는 사마리아로 피했다.

사마리아에서의 복음 전파가 너무도 성공적이어서 더 크게 사역할 전도자가 필요하게 되었다. 빌립이 와서 많은 무리에게 복음을 전파했고, 그로 인해 많은 사람이 그리스도께로 돌아왔다. 다시 한 번 그 마을은 성령의 부어주심으로 궁극의 행복을 누리게 되었다(행 8:1-17). 유대인과 사마리아인의 차이점은 영원히 사라졌다. 복음이 세상으로 쏟아져나갔다. 이 마을에서 저 마을로 기쁜 소식이 전파되었다. 기꺼이 나누고자 했던 그녀의 마음 때문에, 사마리아에서의 복음 전파는 영원히 그 여인과 함께 회자될 것이다.

사마리아 여인의 이야기는 그리스도를 아는 사람이 한 사람도 없는 곳이 어떻게 선교지가 될 수 있으며, 예수님을 받아들이는 순간 어떻게 바로 선교사(주님의 은혜로 말미암아 주님을 위하는 선교사)가 될 수 있는지 분명하게 설명해준다. 하나님의 아들이 한 사람의 삶으로 들어오시는 것은 그와 같이 큰 변화를 가져온다.

HER NAME IS WOMAN: BELIEVERS AND LEARNERS

12

살로메

자녀들에게 가장 좋은 것을 구한다고 생각했던 여인
(마 20:17-28)

> 살로메는 자기 아들들에 대한 야심이 있었다.
> 야심의 대상이 하나님의 마음과 목적에 완전히 일치될 때에는 추천할 만하다.
> 하나님의 지시를 받을 때 야심은 가장 높은 명예로 인도될 수 있다.
> 하지만 이기적으로 추구될 때는 그 사람을 가장 낮게 격하시킬 수 있다.
> _ 허버트 록키어(Herbert Lockyer)

요한과 야고보의 어머니 살로메(마 27:56; 막 15:40)는 결심한 듯 발걸음을 내디뎠다. 두 아들이 그녀의 뒤를 따랐다. 그녀는 자기가 예수님께 방해가 되리라는 것은 아랑곳하지 않았다. 예수님께서 말씀을 마치실 때까지 기다리지도 않았다. 그녀는 주님께 구할 것을 마음속에 간직하고 있었다. 도무지 기다릴 수 없을 만큼 마음이 조급했다.

유월절이 다가올 때, 예수님과 그의 제자들은 다시 한 번 갈릴리에서 유다로 여행을 하고 있었다. 주변에서는 유월절을 지키기 위해 점점 더 많은 사람이 떼를 지어 예루살렘으로 올라가고 있었다. 그들 중에는 병든 자와 눈먼 자와 절름발이(예수께서 고쳐주시기 바라는 사람들)도 있었다.

마침내 시골길을 지나고 요단강을 건너는 긴 여행이 끝났다. 사람들은 여리고에 도착했다. 그들이 예루살렘에 이르기까지 마지막으로 가야 하는 여정은 결코 얕볼 수 없는 거리였다. 그 여행의 가장 힘든, 가파르고 황량한 유대의 언덕을 넘어가는 부분이 아직 그들 앞에 놓여 있었다. 표면적으로는 이번 여행이 지난번 여행과 별로 다를 바 없는 것 같았다. 그러나 예수님의 제자들은 알고 있었다. 주께서 장차 받으실 고난의 그림자가 주님의 생명을 어둡게 만들었고, 살로메와 주님의 다른 친구들의 생각을 어지럽히고 있었다.

무리가 갈릴리를 떠나기 직전에 예수님께서 하신 말씀이 자꾸만 그들의 마음속에 떠올랐다. "나는 사람들에게 배반을 당하고, 나를 죽이려 하는 사람들의 권세에 넘어가게 될 것이다"(마 17:22-23 참조). 그 말씀은 그들을 슬프게 했다. 주께서 이제 곧 그들을 떠나시리라는 것을 말씀하셨기 때문이다.

조금 전 예수님은 그 말씀을 다시 반복하셨다. 잠시 무리들을 놓아두신 예수님은 제자들을 따로 이끄셨다. "보라, 예루살렘으로 가는 길이다. 인자가 사람들의 손에 넘겨질 것이며 그들은 인자를 죽일 것이요, 인자는 사흘 만에 부활할 것이다"(마 20:18-19 참조).

깜짝 놀랄 만한 말이었다. 그 말은 자기 백성을 위해 오신 예수님께서 그들에게 배척당하실 것을 의미했다(요 1:11). 유대의 종교 지도자들은 예수님께 사형 선고를 내리겠지만 그 결정도 주님에 대한 그들의 증오심을 식혀주지 않을 것이다. 예수님이 죽기 전에 그들은 주님을 조롱하고, 멸시하고, 우롱하려 들 것이다. 오직 선한 일만 하신 분께서 범죄자처럼 공개적으로 처형될 것이다.

그러한 끔찍한 사건 직전에 예수님은 동료들과 고민을 나누기 원하셨다. 그들 중에는 주님의 가장 가까운 친구인 베드로, 요한, 야고보는 물론 주님을 매우 충실하게 섬겼던 살로메와 다른 여인들이 있지 않은가. 그들보다 더 주님과 더 친근하고 주님을 잘 아는 사람은 드물었다. 그들은 주님의 감정과 슬픔을 나눌 수 있는 사람들이었다.

살로메가 가장 먼저 예수님의 말씀에 반응했다. 그녀의 목소리는 심각했지만, 그녀가 한 말은 주님과 아무 상관이 없었다. 주님이 처하신 상황과도 아무 관련 없는 말이었다. 어머니 살로메는 구세주의 다가오는 고난에 대한 걱정을 조금도 나타내지 않았다. 오직 자기 자신과 자기 아들들만 생각했다.

하나님이 바라시는 것보다
당신 자신의 감정과 관심을 더 중시하는 잘못을 한 적이 있는가?
그런 결정이 어떻게 드러났는가?

3년 전 세례 요한이 말씀을 전파하기 시작할 때 세베대의 아들들은 그와 함께했다. 이후 예수께서 갈릴리의 호숫가를 거니시며 그들을 부르셨고, 그들은 하던 일을 버려두고 즉시 예수님을 따랐다(막 1:19-20). '내 아들들은 왜 이리 성급한 성격을 가졌는지 몰라. 때로는 무감각한 특성을 보이고 말이야.' 살로메는 생각했다. '하지만 사실 그 애들은 영적이야. 제자들이 왜 그들에게 "우레의 아들"(막 3:17)이라는 별명을 붙였는지도 이해할 수 있어. 그들의 마음은 하나님께로 열려 있거든.' 때문에 그녀와 그녀의 남편 세베대는 요한과 야고보가 주님을 따르려는 것을 막지 않았다. 그들은 자기들의 유익을 위해 우선권을 쥐려 하지 않고 불평 없이 아들들을 보내주었다.

당신이나 다른 사람이 하나님이 원하시는 것이라고 여기는 것 때문에 당신의 계획이 좌절된 적이 있는가?

그때 어떻게 반응했는가?

세베대의 사업(어업)은 번창하고 있어서 아들들을 내놓을 여유가 없었다. 그들은 주변의 많은 일의 중심이 되는 중추였다. 아들들이 떠나면 사업은 다른 일꾼들에게 의존해야 하므로 그만큼 손해였다.

하지만 그들은 부모로서 기꺼이 그러한 희생을 치렀다. 그들은 하나님을 경외하도록 가르친 야고보와 요한이 그처럼 긍정적인 반응을 보이는 것이 기뻤다. 마음속 깊이 그들은 아들들이 하나님께 관심을 가지고 부자가 되는 데 열중하지 않는 것을 감사하고 있었다.

야고보와 요한이(간접적으로 그들의 부모가) 나사렛 사람의 제자로 선택된 것은 특권이었다. 예수님의 마음속에서 특별한 위치를 차지하고 있던 요한이 점점 예수님의 가장 가까운 친구가 되는 것을 볼 때 부모는 더욱더 감사하게 되었다. 그러한 생각들이 살로메의 마음속에 있었던 것이 틀림없다. 그러한 이유로 그녀는 걱정하기 시작했다. 예수님께서 고난당하실 것을 거듭 공표하신 뒤, 그 결과로 생길 어려움이 살로메의 생각을 채우기 시작했다. '주님께서 가신다면 내 아들들은 어떻게 되는 거지?' 살로메는 스스로에게 물어보았다. '그들은 주님께 소망을 쌓고 있었어. 그들의 장래는 주님께 달려 있어.'

―

두려움 때문에 무언가를 결정했던 때를 생각해보라.
그 결과가 어땠는가?

―

살로메는 마음속으로 예수님의 말씀을 곱씹어보았다. 그리고 주님께서 죽음에 대한 말씀만 하셨던 것이 아님을 깨달았다. 주님은 부활도 언급하셨다. '바로 그거야!' 살로메는 그 생각을 하고 안심했다. '예수님의 최종적인 운명은 죽음이 아니야. 주님은 죽음에서 부활하셔서 주님의 왕국을 세우실 거야. 곧 그분이 왕으로서 백성들을 다스리실 거야.' 이제 그녀는 자신이 무엇을 해야 할지 알았다. 당장 자기 아들들의 장래가 보장되는지 확인해야 했다. 자녀들을 위해 어머니보다 더 잘 대변할 수 있는 사람이 누가 있겠는가? 그 문제에 관해 그녀는 권리가 있지 않은가? 그녀는 희생적으로 자기 생애를 주님께 드리지 않았던가? 시골길을 방황하는 불편을 감수하지 않았던가? 시간과 재산을 주님께 드리지 않았던가?

―

당신이 한 일 때문에 하나님께
어떤 대우를 받아야 한다고 생각해본 적이 있는가?
이런 관점에 당신 자신과 하나님에 대한 어떤 왜곡이 있는가?

―

그녀는 재빨리 몇 걸음 내디뎠다. 그러고 나서 존경을 표시하기 위해 주님 앞에 무릎을 꿇었다. "무엇을 원하느냐?" 예수님께서 친절하게 물으셨다(마 20:21). 그러자 더 이상의 설명 없이 그녀는 자기의 소청을 아뢰었다. 그녀의 말은 곧 다음과 같이 그녀의 생각을 드러냈다. "주님의 왕국에서 나의 두 아들이 주님 곁에 앉을 것이라고 약속해주십시오. 하나는 주님의 오른편에, 다른 하나는 왼편에 앉혀주십시오"(마 20:21 참조).

살로메의 동기가 이해되는가?
당신이 그녀였다면 어떻게 했겠는가?

살로메는 자기의 의도를 전했다. 그 말이 주님의 귀에 거칠고 자기중심적인 말로 들리리라는 것을 생각하지 못했을까? 그녀의 사랑 없음으로 주님께서 고통을 겪으신다는 것을 깨닫지 못했을까? 그 순간 자기가 얼마나 졸렬한 반응을 보였는지 조금이라도 감지했을까? 주님을 기다리고 있는 큰 고난 앞에서 그녀가 그러한 소청을 드린다는 것이 얼마나 좁은 소견인지 알고 있었을까?

죄 없는 하나님의 아들이 돌아가시려고 할 때, 살로메가 생각한 것은 오직 자기 아들들의 장래뿐이었다. 하나님의 아들이 인간으로서의 죽음에 직면하여 이해와 사랑을 갈망하는 동안 살로메는 어머니로서의 자만심만을 품고 있었다.

그것이 과연 살로메 스스로 한 말인지, 다만 자기 아들들의 대변인 노릇을 한 것인지는 분명하지 않다(막 10:35-45). 그러나 대변인 노릇만 한 것이라도 그녀의 입장이 나아지는 것은 아니다. 그것이 그녀의 책임을 줄여주지 않는다. 반대로 그녀의 요청은 그녀가 자기 아들들의 생각을 바로잡아줄 기회를 놓쳤다는 것을 드러낸다.

살로메 때문에 주님은 어머니의 야심뿐 아니라 그녀의 아들들, 즉 예수님의 가장 가까운 친구 두 사람에게 버림받는 고통을 당하셨다.

물론 주님의 다른 친구들이 더 나은 것은 아니었다. 잠시 후 다른 모든 제자들이 요한과 야고보의 요청에 격분했다. 그들은 두 제자의 요청이 예수님께 고통스러운 일이라는 것을 알고 화를 낸 것이 아니었다. 그 일로 자신들이 모욕을 받았다고, 자기들이 중요한 일에서 배제되었다고 느꼈다. 야고보와 요한이 스스로를 얼마나 중요하게 생각하는지 분명하게 나타났다. 자기 자신을 다른 사람들보다 더 탁월하다고 생각하는 그들은 도대체 누구인가?

<blockquote>살로메의 행동과 빌립보서 2장 3절 상황에 있는 제자들의 반응을 생각해보라.
왜 하나님 나라에서는 자기를 높이는 것이 합당하지 않은가?</blockquote>

살로메의 말은 그리스도께 무정한 것이었다. 그리고 다른 제자들의 어머니를 조금도 생각지 않는 것이었다. 다른 부인들은 아마도 이렇게 생각했을 것이다. '왜 세베대의 아들들이 특권을 누려야 하지? 다른 제자들, 특히 우리 아들이 앞장서야 하지 않을까? 베드로와 안

드레와 다른 제자들이 있고, 그들 역시 주님을 따랐잖아!'(마 19:27)

살로메가 보인 어머니로서의 자만심에도 불구하고 예수님은 그녀를 꾸짖지 않으셨다. 그녀 앞에 계신 분은 인간의 가장 깊숙한 부분까지 탐지하실 수 있는 하나님이셨다. 그분은 그녀의 이기심과 부정적인 특성을 인식하셨을 뿐 아니라 그 이상도 보셨다. 또한 그녀의 생각과 욕망도 감찰하셨다. 그녀의 내적 자아가 주님 앞에 벌거벗은 채 드러났다. 주님은 그녀의 마음을 책처럼 읽으셨다.

틀림없이 그것은 깜짝 놀랄 만한 일이었지만, 또한 격려가 되는 일이기도 했다. 어머니의 마음을 지으신 창조주 외에는 그 마음과 그 모든 조직 하나하나가 자기 자녀에게 얼마나 애착심을 갖는지 아무도 모른다. 그분은 어머니들이 이 세상에서, 심지어 하나님과의 관계에서도 얼마나 약한지 이해하셨다. 그분은 어머니와 그분 사이에 얼마나 쉽게 자녀가 끼어드는지 아셨다. 또한 어머니들이 이 점에서 겪어야 할 일상의 갈등을 보셨다. 그리스도인 어머니라 할지라도 그와 같은 감정에서 제외되지 않는다.

그래서 주님은 살로메를 경책하지 않으셨다. 오히려 그녀를 이해하고 용서하셨다. 주님은 그녀의 결점을 넘어 살로메가 믿음을 가지고 있다는 것을 아셨다. 비록 그 견해가 인간적으로 좁고 잘못된 것이긴 했지만 그녀는 주님의 장래를 믿고 있었다. 자기 아들들이 언제나 주님과 가까이 있게 될 것을 분명히 하고 싶어 하는 그녀의 욕망을 통해 예수님은 그녀의 사랑을 맛보셨다.

모든 어머니, 특히 (자신들의 인간적인 약점과 한계를 알고 있지만) 주님을 깊이 사랑하며 자녀를 위해 가장 좋은 것을 구하는 어머니 살로메의 아들을 위한 요청을 생각해보는 것은 가치 있는 일이다. 그들은 말씀, 특별히 기도의 영역에서 많은 원리를 배우게 될 것이다. 어머니들은 자녀를 위해 너무 성급하게 기도하지 않는 것을 배워야 한다. 또한 이기적이지 않은 자세로 신중하게 기도해야 한다.

그러나 살로메의 이야기에는 크나큰 격려도 있다. 하나님께서는 우리 자녀들에게 정말로 가장 좋은 것이 무엇인지 아시며, 어머니가 잘못 구할 때조차 그것을 주기 원하신다. 그래서 예수님은 살로메의 요청을 부인하는 대신 그녀의 요청을 바른 방향으로 잡아주셨다. 비록 그 순간에는 인식하지 못했지만, 그녀의 기도 응답은 그녀가 기대했던 것과 전혀 다른 방향으로 나타났다.

살로메는 자기가 구하는 것이 무엇인지 알지 못했다. 그녀는 인간적인 기준으로 명예와 명성을 특별히 큰 은혜라 여겼다. 그러나 예수님은 그녀를 경건한 생각으로 인도하셨다. 천국에서의 가장 큰 명예는 믿음으로 고난받은 사람들을 위해 준비되어 있었다.

이와 같이 주님의 이해심 많은 반응은 살로메를 건너 요한과 야고보에게로 이어졌다. "내가 마시려는 잔을 너희가 마실 수 있느냐?"
(마 20:22)

주 예수님은 지상의 왕국 대신 하늘의 왕국을 건설하실 계획이었다. 그 왕국의 명예로운 자리는 예수님이 아니라 예수님의 아버지이신 하나님에 의해 배정될 것이고, 그 왕국으로 가는 문은 고난, 즉 성자의 고난에 달려 있었다.

예수님의 고난이 얼마나 고통스러운 것이었는지, 그분의 고난의 잔 한 방울 한 방울에 쓸개가 섞여 있었다. 며칠 후 살로메는 십자가 밑에서 예수님의 고난을 보았다. 예수님의 어머니와 서너 명의 다른 여인과 함께 그녀는 예수님과 그 고난의 일부를 맛보았던 것이다. 예수님께서 영혼의 고통 가운데에서 부르짖으실 때 그녀는 거기 있었다. "나의 하나님, 나의 하나님, 어찌하여 나를 버리셨나이까?"(마 27:46) 이 심령의 부르짖음은 하늘에 계신 하나님 아버지께로 향한 것이었다. 그분은 예수님의 지상 사역 초기에 이렇게 말씀하셨다. "너는 내 사랑하는 아들이라. 내가 너를 기뻐하노라"(막 1:11).

주님의 왕국은 고난과 순종을 기초로 한다. 살로메의 아들들은 그 왕국에서 한자리를 차지할 것이다. 하지만 그들은 주님께서 돌아가신 것과 같은 방법으로 그곳에 들어갈 것이다. 구원의 개척자이신 그분은 많은 아들들을 영광으로 이끄시기 위해 심한 고난을 받으실 것이다(히 2:10). 은혜로, 특권으로, 호의로 고난을 건네주실 것이다.

―

고난이 은혜라는 생각은 다소 구시대적인 느낌을 준다.
하나님께서는 어떤 고난을 사용하셔서 당신에게 영원한 부를 주셨는가?

―

인간이 쓸 수 있는 가장 빛나는 면류관은 존경과 명예가 아니라 무조건적인 순종으로 형성된다. 성경은 예수님께서 고난의 학교에서 순종을 배우셨다고 말한다(히 5:8). 주의 종에게 다른 길은 없다. 그들이 받는 고난의 정도가 (만약 그리스도의 이름으로 겪는다면) 미래에 받을 영광을 결정짓는다(벧전 4:12-13).

야고보와 요한은 이미 그 고난에 충분히 참여했다. 그러나 그들의 고통은 다행히도 아직 그들의 어머니에게는 숨겨져 있었다. 살로메는 자기 아들들을 위해 특권을 요청했고, 마침내 그것을 받았으며, 명예와 영광이 아닌 고난으로 표현되었다.

살로메는 그녀의 아들 야고보가 다음 왕 헤롯 아그립바 1세에게 최초의 순교자로 살해될 때까지 살아 있었을까?(행 12:1-2) 또 다른 아들 요한이 말년에 복음 때문에 유배된 사실도 그녀는 결코 알지 못했을 것이다(계 1:9).

야고보와 요한은 현세적인 왕의 측근자로서의 지위를 차지하지 못했다. 그러나 훗날 그리스도의 이름으로 받은 그들의 고난 때문에 그들은 순교자의 면류관으로 찬란하게 빛날 것이다.

예수님께서 십자가에 달리실 때, 살로메는 예외적으로 좋은 대우를 받았다. 예수님은 그녀의 아들 요한에게 예수님의 어머니를 돌보라고 하셨다(요 19:25-27). 구세주께서는 다른 사람보다 더 사랑했던 제자에게 섬기는 명예를 부여하셨다. 섬김은 고난과 같이 하나님의 영원한 왕국을 세우는 기둥이다. 이와 같이 하나님 왕국의 원리는 이 땅의 원리와 정반대다.

예수님께서는 여인들과 제자들에게 여리고에서의 교훈에 주의를 기울이도록 하셨다. 예수님의 제자들은 지배가 아닌 섬김을 통해 감동을 주어야 한다. 이 세상에서 기꺼이 가장 작은 자가 되려는 자가 천국에서 가장 큰 자로 여김을 받을 것이다.

HER NAME IS WOMAN: BELIEVERS AND LEARNERS

13

요게벳

슬픔을 믿음으로 바꾼 여인
(출 1:8-22, 2:1-10)

내 형제들아 너희가 여러 가지 시험을 당하거든 온전히 기쁘게 여기라.
이는 너희 믿음의 시련이 인내를 만들어내는 줄 너희가 앎이라.
_ 야고보(약 1:2-3)

갓 태어난 아기의 울음소리가 집 안에 울려 퍼졌다. 어머니 요게벳은(민 26:59) 피곤해서 베개에 얼굴을 묻었다. 동시에 새로운 아이의 어머니가 되었다는 행복감에 휩싸였다. 그녀는 또다시 자녀를 낳았다. 여호와! 그 이름을 찬양하리로다! 그것은 그녀가 큰 기대를 가지고 기다려온 순간이었다. 희망과 두려움이 공존한 시간이었다. "아들이에요? 딸이에요?" 그녀는 초조하게 물었다.

대답을 듣기 전에 요게벳은 밖에서 들려오는 소리에 마음을 졸였다. 채찍이 공중으로 번쩍 들어올려지더니 그녀의 동족 한 사람의 등을 무자비하게 내리쳤다. 그녀는 히브리인의 비명소리와 격분한 애굽 사람의 큰 욕지거리를 들었다. 그러한 소리에 점점 익숙해졌다. 히브리인의 집집마다 들려오는 그 소리는 두려움과 긴장감을 감돌게 했다. 애굽 고센 지방에 사는 이스라엘 민족의 삶은 오랫동안 그리 아름답지 못했으며, 최근 들어 점점 더 악화되고 있었다.

모세의 어머니가 믿음의 영웅에 속하게 된 이유를 생각해보라(히 11:23). 히브리서 11장 1절에 따르면 믿음이란 무엇인가?

처음에 애굽인들은 야곱의 아들 요셉의 영향을 받아 히브리인들에게 호의를 베풀었다. 요셉의 통찰력과 현명한 지도력 덕분에 애굽은 엄청난 기근에도 잘 견딜 수 있었다. 그때 애굽인들은 요셉에게 큰 은혜를 입었다고 생각했다. 그들의 나라는 당시 근동 지방에 있는 여러 나라의 피난처가 될 정도였기 때문이다(창 41:55-57). 요셉이 죽은 후에도 애굽인들은 수년 동안 이스라엘 민족을 계속 고맙게 여겼다.

4세기가 지나자 사태가 달라졌다. 하나님은 외국 땅에 있는 하나님의 백성들을 계속 축복하셨다. 자손이 늘어났고 그들의 재산도 많아졌다. 이스라엘에 임하는 축복을 보며 애굽인들은 위협을 느끼기 시작했다. 그래서 히브리인들을 엄하게 다스렸고 압박과 강제 노역으로 이스라엘의 성장을 제한하려 했다. 하지만 그들의 시도는 계속 실패했다. 이스라엘 백성의 수는 전보다 더 빨리 증가했다(출 1:7-14).

마침내 바로는 그 문제의 근본에 접근하기 시작했다. 그는 이스라엘 여인들의 해산을 돕는 히브리 산파 둘에게 도움을 요청하며 "아들인지 딸인지 잘 살펴보라"고 노기를 띤 어조로 명령했다. "남자아이면 그를 죽여야 한다. 딸이면 살려두어라"(출 1:16 참조).

하지만 그토록 잔인한 명령에도 불구하고 아무런 성과가 없었다. 산파들은 왕보다 하나님을 더 두려워했다. 그래서 다음과 같은 변명으로 왕의 명령을 물리쳤다. "히브리 여인들은 너무나 빨리 아기를 낳기 때문에 우리가 제시간에 도착할 수가 없습니다. 그들은 애굽 여인들처럼 출산이 느리지 않아요"(출 1:19 참조).

아므람과 요게벳이 첫 아들을 낳은 지 3년 후에도 상황은 달라지지 않았다. 산파들이 협조하지 않자, 왕은 나라 전체에 새로운 명령을 내렸다. "지금부터 히브리인의 아들이 태어나면 모두 나일강에 던져버려라"(출 1:22 참조). 그 명령은 이미 압박을 당하고 있는 이스라엘 사람들의 간담을 서늘하게 했다. 히브리 여인들에게는 어머니가 되는 기쁨이 끔찍한 두려움으로 바뀌고 말았다. 그때부터 그들의 아들이 태어나는 첫 울음소리에 이어, 조그마한 몸이 차가운 나일강에 던져지는 죽음의 비명소리가 뒤따르게 되었다. 부모들은 그들의 아기가 악어의 밥이 되는 것에 공포를 느끼며 그것을 지켜보아야 했다.

"악어 밥이 되다니." 요게벳은 몸서리를 쳤다. "그것이 바로가 만든 우리의 운명이야." 그런 다음 자기 자신이 처한 불행한 현실로 돌아왔다. 질문한 지 몇 초밖에 안 되었지만 요게벳은 산파들이 대답을 망설이고 있다는 것을 눈치 챘다. 그리고 자기를 바라보는 산파의 눈에 두려움이 어린 것을 발견했다. "아들이에요." 그녀는 결국 한숨과 동정이 가득 찬 목소리로 말했다.

"아기를 이리 주세요." 요게벳은 겨우 그 말만 중얼거렸다. 잠시 후 그녀는 분홍빛 나는 부드럽고 조그마한 몸을 자기 가슴에 꼭 끌어안았다. "너무 이뻐." 그녀는 속삭이듯 말했다. 그 순간 묘안이 떠올랐다. 단순히 아름다운 아기 때문만은 아니었다. 이 흠 없는 아기는 하나님의 계획과 특별한 일에 관련되어 있었다. 그는 하나님 보시기에 아름다웠다(행 7:20). 하나님은 그녀의 어린 아들에 대한 특별한 계획을 가지고 계셨다. 그 계획이 어떤 것인지 구체적으로 알 수 없었지만 요게벳은 계획이 있다는 사실만은 확실히 느낄 수 있었다. 그 순간부터 그녀는 아기의 생명을 위해 싸우겠다고 결심했다. 그녀의 마음속에 있는 감정은 슬픔만은 아니었다. 그녀는 하나님을 의뢰했다.

슬픔과 어둠이 다가올 때 당신은 어떻게 반응하는가?
때로는 미래가 불확실하고 절망적일 수 있다.
그럴 때 하나님을 신뢰하는 것에 대해 요게벳에게서 배울 수 있는
세 가지를 말해보라.

요게벳과 그녀의 남편이 속한 레위 족속은 훗날 성전에서 하나님을 섬기도록 지목될 지파였다. 그들은 둘 다 애굽의 노예로 태어났지만 하나님에 대한 믿음을 지켰다. 요게벳은 믿음의 안테나로 끊임없이 하나님께 방향을 맞추었다. 그러한 충성 때문에 그녀는 하나님의 메시지를 받았으며, 미래에 실현될 일에 대한 내적 확신을 얻었다.

믿음이란 무엇인가? 그것은 바라는 것이 이루어질 거라 확신하는 것이다. 심지어 가능성이 희박해 보이는 일조차 바라며 기다리는 확신이다(히 11:1). 모든 그리스도인들은 그리스도로 말미암아 믿음으로 의롭

다 하심을 얻었다(갈 2:16). 그러나 기도에 응답을 받으려면 믿음으로 구해야 한다(마 21:22). 의심하거나 믿음으로 구하지 않는 기도는 응답되지 않을 것이다. 믿음을 따라 하지 않는 모든 것은 다 죄이기 때문이다(롬 14:23).

당신의 삶에서 믿음과 확신의 연관관계를 본 적이 있는가?
믿음으로 하나님께서 미래에 하실 일을 신뢰했던 경험을 말해보라.

하나님께서는 세상과 압박받는 히브리인들, 그리고 이와 같이 시험을 받는 가정을 위해 어떤 일을 추진하시려 했다. 그리고 역사적으로 그러한 일을 행하실 때마다 그러셨듯이, 요게벳이라는 사람을 그 계획 가운데로 이끄셨다. 그녀가 하나님의 인도하심에 보조를 맞추어 나갈 때, 많은 부분이 믿음에 좌우될 것이다.

어떻게 하면 당신이 하나님의 인도하심을
더 잘 따를 수 있는지 생각해보라.
당신이 하나님의 인도하심에 주목하지 못하게
방해하는 것은 무엇인가?

성경은 하나님께서 요게벳과 그녀의 남편을 높이셨음을 보여준다. 그들은 믿음으로 왕의 명령을 무시할 수 있는 용기를 얻었고(히 11:23), 더 높은 지도자인 절대자 하나님께 순종했다. 그들은 바로의 명령을 거스르고 매일매일 아기를 숨겼다. 그것은 자녀에 대한 사랑은 물론 하나님에 대한 순종의 표현이었다. 그들은 무엇을 기대했을까? 이적? 분명 그러한 가능성도 있을 것이다. 사람과 동물과 모든 피조물을 무에서부터 창조하신 하나님께는 무엇이든 하실 수 있는 능력이 있다. 그분의 능력은 제한되지 않는다. 모든 가능성이 있다.

―

최근에 겪었던(현재 겪고 있는) 시련을 생각해보라.
그것을 극복하는 방법 중 어떤 해결책이 떠오르는가?
기적도 그 안에 포함되는가? 아니면 즉각 제외시켜 버리는가?
어떻게 하면 우리가 결과에 상관없이
하나님의 선하심을 의지할 수 있는가?

―

요게벳은 하나님께서 자기를 통해 이적을 일으키시려 한다는 사실을 차츰 이해하기 시작했다. 하지만 얼마 동안은 모든 것이 그대로였다. 나라 안의 분위기는 계속해서 히브리인에 대한 압제적인 적의로 가득 차 있었다. 왕은 조금도 너그러워지지 않았다. 외부에 들키지 않고 아기를 숨기기가 점점 더 어려워졌다. 아기의 연약한 목소리는 계속 커졌고 아기가 울면 더더욱 걱정이 되었다.

요게벳은 하나님께 부름받은 이 아이를 위한 하나님의 명령이 얼마나 특별한 것인지 상상할 수 없었다. "모든 아이는 '인 쳐진 명령'을 가지고 나온다. 그러므로 모든 인간에게는 이루어야 할 독특한 운명이 있다." 그녀가 매일 목욕시키고, 옷 입히고, 먹이는 이 아이가 세계에서 가장 위대한 지도자가 되리라는 것도 이미 정해져 있었다. 하나님은 그녀의 아이를 택하여 구약에서 가장 위대한 인물 중 하나가 되게 하셨다. 한 인간으로서 그는 하나님의 율법, 수세기 후에도 여전히 사회의 기반으로 간주될 율법을 히브리 백성에게 전달하게 될 것이다. 그는 하나님의 아들, 장차 오실 메시아를 예시할 것이다. 그러한 사실에 대한 첫 진전이 그의 어머니의 손에 놓여 있었다.

―――

하나님께서 당신을 통하여 어떤 기적을 일으키실 거라 생각하는가?
하나님께서 당신에게 맡기신 특별한 청지기 직분은 무엇인가?

―――

당시 하나님의 백성은 문제를 해결할 수 없을 것 같았지만, 그것은 하나님의 계획이 아니었다. 하나님은 계획을 실행하시는 데 아무 차질이 없었다. 그분의 계획은 이 아이를 통해 곧 세상에 드러날 예정이었다.

하루하루 지나는 동안 불안과 믿음이 엇갈렸다. 아이에 관한 인간적인 불안과 믿음의 확신이었다. 그와 같은 시험이 요게벳의 믿음을 자라게 했으며 그녀에게 용기를 주었다.

―――

당신의 삶에서 불안과 믿음이 서로 다투었던 때를 생각해보라.
그때 당신은 어떻게 반응했는가?
그 후 당신과 하나님의 관계는 어떠했는가?

―――

요게벳 / 163

믿음의 성장은 그녀를 철저하게 만들었다. 그녀는 아이를 숨기고 그의 생명을 살리기 위한 아이디어를 개발시키는 데 능숙하게 되었다. 교육을 통해 그녀는 어린 아론에게 동생인 아기를 배반하지 않도록 가르쳤다. 또한 아기를 돌보는 분주하고 세세한 일상 속에서도 외딸인 미리암을 지혜와 믿음으로 가르쳤다.

하나님은 아기의 장래와 밀접하게 연결되어 있는 다른 자녀들에 대한 계획도 세워 놓으셨다. 요게벳은 아기에 대한 계획은 물론 다른 두 자녀에 대해서도 책임이 있었다.

요게벳의 계획은 간단하고 손쉬웠다. 그녀의 계획은 조심스럽게 수집한 사실에 근거했고, 무엇보다 믿음으로 영감을 받은 것이었다. 하나님께서 친히 그녀의 마음속에 그 생각이 떠오르게 하셨다.

먼저 그녀는 단순한 모양의 갈대상자(그녀의 시장 바구니였는지도 모른다)를 작은 배로 변형시켰다. 악어는 갈대를 거의 먹지 않기 때문에 아기를 보호하기 위해 상자의 겉 부분을 파피루스(papyrus) 갈대로 감쌌다. 그리고 상자 내부는 방수가 되도록 역청과 타르(tar)를 발랐다(출 2:3). 그래야 아기를 위협하는 물로부터 생명을 구할 수 있기 때문이다.

요게벳은 조용하고 신중하게 계속 그 일을 진행했다. 모든 가능성을 생각해보았다. 해결책이 진전될수록 그녀는 하나님이 천국에서 이 땅에 있는 당신의 종을 위해 조성하신 계획에 빠져들게 되었다. 하나님의 계획을 실현하는 데 있어서 그녀의 역할은 대단히 중요했고, 그녀는 하나님께서 지시하시는 방향으로만 움직였다.

당신을 위한 하나님의 계획에서 당신의 행동이 중요하다고 생각하는가?
하나님께서 당신에게 믿음으로 나아가라고 하시는 방향은 어디인가?

요게벳의 믿음으로 염려는 더 이상 자라나지 않았다. 그것이 그녀를 마비시키거나 고립시킬 수 없었다. 오히려 그녀의 시도는 더 큰 가능성을 열어주었다. 그녀의 어려움은 적이 아니라 친구가 되었다. 요게벳은 막내아들의 구원을 가족 전체의 사건으로 만들었다. 문제와 염려는 그녀의 믿음 덕분에 가족 모두에게 축복이 되었다. 그녀의 남편은 믿음으로 그녀와 하나가 되어 있었지만 이 어려운 때에 가족을 격려하고 그들을 하나님의 도구로 연합시키는 것은 어머니인 요게벳의 몫이었다. 그녀는 용기를 내어 어린 딸을 자기 계획에 동참시켰다. 그것 역시 믿음의 진보였다. 나일강 물에 작은 배를 띄울 때, 요게벳은 자기 아들에게서 손을 떼고 그를 하나님의 보호에 맡겼다. 이제 어린 아들의 장래는 전적으로 하나님의 손에, 그리고 어린 미리암의 손에 달려 있었다. 미리암은 천천히 떠내려가는 갈대상자를 지켜보았다. 어머니의 평정과 신뢰가 그 딸에게도 배어 있었다.

믿음은 자기를 복제한다. 당신을 자세히 주목하면서, 당신의 본을 통해 하나님의 약속을 의지하는 법을 배우는 사람은 누구인가?
이 사실이 당신의 믿음이 성장하는 데 도전을 주는가?

바로의 딸이 나일강에서 그 상자를 발견하고 아기를 꺼냈을 때, 미리암은 상상 이상으로 성숙한 행동을 했다. 자기 동생이 공주에게 건져진 것을 보자마자 미리암은 공주 앞으로 걸어 나갔다. 말 한 마디 행동 하나에서 그 아기가 자기와 개인적으로 전혀 관계가 없는 것처럼 목소리는 안정되어 있었고, 행동에도 아무런 의심을 받지 않았다. 미리암은 "내가 가서 당신을 위하여 히브리 여인 중에서 유모를 불러다가 이 아이에게 젖을 먹이게 하리이까?"(출 2:7)라고 물었다.

"가라"(출 2:8). 공주는 그 말이 아기를 그의 어머니에게 돌려주는 것이라고는 생각도 못했다. 그래서 요게벳은 엄청난 핍박의 시기였음에도 불구하고 자기 아들을 안전하게 돌볼 수 있었다. 자기 아이를 죽이려 했던 사람의 딸로 인해, 그녀는 아기를 돌보는 것에 대한 보수까지 받으며 모세를 양육했다. 그것은 하나님의 유머였다.

아기가 자라자 공주는 그를 자기 아들로 삼은 뒤 '모세'라고 이름 지었다. "그것이 그의 이름이 될 것이다." 공주가 말했다. "이는 내가 그를 물에서 건져내었음이라"(출 2:10).

요게벳이 처한 상황을 생각해보고
그녀가 만난 '대적들'(사람이든 환경이든)을 모두 적으라.
그중 '친구'로 변한 것은 무엇인가?
당신도 하나님의 능력과 은혜로 '친구'로 변할 수 있는
어려운 여건을 가지고 있는가? 구체적으로 어떤 것들인가?

모세는 구출되었다. 그의 장래는 안전했다. 어머니와 어린 시절을 보낸 뒤, 젊은이들이 가장 부러워하는 환경이었던 바로의 궁전에서 교육을 받았다. 히브리 노예 가정의 아들인 그가 왕자의 교육을 받은 것이다. 권위 있고 학식 있는 애굽 사람의 모든 가능성이 그에게 주어졌다. 그리고 히브리 아기들이 여전히 죽임을 당하는 동안, 모세는 하나님께서 그를 위하여 예비하신 사역을 감당할 준비를 갖추고 있었다. 그의 봉인된 명령은 자기 백성의 구속자가 되는 것이었다.

그 과정에서 요게벳은 자신의 역할을 계속 담당했다. 모세가 그녀와 함께 있던 몇 년은 그의 장래를 결정하는 데 도움이 되었다. 하나님에 대한 요게벳의 믿음으로 모세는 하나님과 친밀해졌다. 히브리 민족의 존경할 만한 전통과 하나님에 대한 그들의 완전한 헌신은 그의 감수성 풍부한 영혼에 지울 수 없는 인상을 남겨 놓았다. 이방 궁전의 매력은 그에게 별다른 영향을 미치지 못했다.

장성한 모세는 애굽의 부(富)보다 자기 백성들의 고난에 더 관심이 있었다. 그는 마치 하나님을 직접 보는 것처럼 그분과 매일 동행하는 믿음의 사람으로 자랐다(히 11:24-29). 또한 그는 "하나님의 벗"이 되었다(출 33:11 참조). 그것은 인간에게 내려질 수 있는 특별한 찬사였다.

모세처럼 우리도 하나님의 친구라 불린다(요 15:15).
뿐만 아니라 우리는 하나님의 자녀들이다(갈 3:26).
이 사실이 당신의 삶에 어떤 영향을 주었는가?

요게벳이라는 이름은 '여호와는 그의 영광'이라는 의미를 지닌다. 그 이름은 그녀가 일생 동안 하나님의 영광을 위해 일하기 바랐던 그녀의 부모에 의해 주어진 걸까? 아니면 그녀가 자기 심중에 있는 것을 드러내는 외적 간증으로 그것을 스스로 선택했을까? 아니면 하나님께서 그녀에게 허락하신 명예로운 이름일까?

그녀의 이름은 성경에 두 번밖에 언급되지 않지만(출 6:20; 민 26:59) 이 세상에서 가장 중요한 어머니의 이름 중 하나로 역사 속에 영원히 새겨져 있다. 아마도 요게벳의 세 자녀처럼 한 어머니의 자녀가 동시에 그러한 영향을 미친 일은 역사에서 찾아볼 수 없을 것이다.

그녀의 자녀들은 어머니의 마음속에 계셨던 하나님을 이 세상에 과시했다. 하나님의 명예는 그녀의 가장 높은 목표였다. 그들은 또한 그 원리를 자기들의 삶으로 입증했다.

모세가 이스라엘 민족의 지도자가 되었을 때(미 6:4; 시 106:23), 아론은 하나님의 백성에게 하나님의 거룩하심과 은혜를 상징하던 대제사장이었다(출 28:1). 그는 대제사장으로서 백성들에게는 하나님을 대신하고, 하나님께는 백성들을 대신했다. 또한 자기 백성의 중보자로서 그리스도를 예표했다(히 2:17, 5:1-5).

미리암 역시 하나님의 백성을 이끄는 데 중요한 역할을 했다. 이스라엘 역사에서 여자에게 주어진 지도력은 매우 드문 예다. 그녀는 최초의 여선지자였고 음악적인 재능과 노래로 히브리 여인들이 하나님께 영광을 돌리게 했다(출 15:20-21).

이와 같이 요게벳의 세 자녀는 그들의 삶을 하나님을 섬기는 데 사용했다. 그들의 어머니는 인쇄된 율법을 읽기 오래전에 이미 그녀의 마음속에 하나님의 율법을 새겨 놓았으며, 성경이 명령한 대로 자녀들의 마음속에도 그것들을 새겨 놓았다(신 6:6-7). 그렇게 하나님의 약속을 믿음으로 말미암아 그녀의 업적과 사역을 완수할 수 있었다.

요게벳의 삶을
창세기 50장 20절과 로마서 8장 28절에 비추어 생각해보라.
이 구절들이 요게벳의 삶에 어떻게 적용되는가?

요게벳은 오랜 옛날에 살고 있었기 때문에 야고보의 말을 듣지 못했다. "내 형제들아, 너희가 여러 가지 시험을 당하거든 온전히 기쁘게 여기라. 이는 너희 믿음의 시련이 인내를 만들어내는 줄 너희가 앎이라"(약 1:2-3). 하지만 그녀는 믿음의 영웅이었던 다른 사람들처럼 이 말씀의 진리를 경험했다. 그들은 자신의 믿음 때문에 유명해진 평범한 사람들이었다. 전능하신 하나님을 믿었기에 특별하고 위대한 일을 성취할 수 있었다(히 11:1-40).

때때로 냉담한 주변 환경에도 불구하고 그들은 수평이 아닌 수직으로, 자기 자신의 성격대로가 아닌 영적으로 생각했다. 그들의 하나님은 가장 큰 어려움보다 더 크시다는 확신을 가지고 있었기에 그들은 끝없는 문제에 용감하게 직면했다. 또한 그들은 하나님께서 그들을 얼마만큼 놀라게 해주기 바라시는지, 슬픔을 믿음으로 바꾸는 것이 하나님께는 얼마나 쉬운 일인지 경험했다.

**HER NAME
IS WOMAN:
BELIEVERS
AND
LEARNERS**

14 한나

기도의 능력을 믿은 여인
(삼상 1:1-28)

> 이 땅에서 가장 위대한 사람은 기도하는 사람이다.
> 기도에 관해 언급하거나 설명하는 사람이 아닌,
> 오직 시간을 내어 기도하는 사람을 말한다.
> 그들은 시간이 없다.
> 다른 어떤 것으로부터 시간을 확보해야만 하기 때문이다.
> 그 다른 어떤 것도 매우 중요하고 절박한 것이지만,
> 기도보다는 덜 중요하고 덜 절박하다.
> _ 고든(S. D. Gordon)

한나는 결혼생활의 고통으로 짓눌려 있었다. 남편은 그녀를 사랑했지만, 남편의 또 다른 아내가 한나의 자녀 없음을 두고 잔인할 정도로 괴롭히며 조롱했다.

얼마나 힘들었을까? 자녀를 갖지 못한다는 것을 알았을 때 한나도 사라처럼 첩을 두라고 남편을 종용했을까?(창 16:1-2) 아니면 엘가나가 이미 브닌나와 결혼한 뒤에도 도무지 그의 사랑을 막을 수 없어서 그의 두 번째 부인이 되었던 걸까? 아니면 하나님을 두려워하는 사람이었던 엘가나가 자발적으로 중혼했고, 한나는 어찌할 수 없는 상황에 놓이게 된 걸까?

어떤 경우든 두 여인과의 결혼생활은 세 사람 모두에게 몹시 고통스러운 결과를 가져다줄 것이 분명했다.

사사기 21장 25절과 사무엘상 2장 11-36절을 읽으라.
한나의 백성들이 처한 민족적, 영적 상황은 어떠했는가?

성경은 한나가 하나님께 가까이 나아갔던 여인이라고 말해준다. 그녀는 남편이 가장으로서 주님께 정규적으로 드렸던 희생제물로 인한 죄사함에 의거하여 하나님께로 나아갔다.

때때로 사람은 존재의 뿌리까지 흔들어 놓는 시험을 받는다. 그것은 마치 눈에 보이지 않는 힘이 그의 생명을 소멸시키기 위해 작용하는 것처럼 보인다. 한나도 그와 같았을 것이다. 그녀는 자녀가 없었기 때문에 하나님으로부터 버림받았다고 느끼며 한없이 눈물을 흘렸다. 남편의 다른 부인은 기회가 있을 때마다 그녀의 자식 없음을 상기시켰다.

한나를 위로해주고 싶었던 엘가나는 제사를 드리는 날마다 한나에게 제물의 분깃을 두 배나 주었다. 그녀에게는 그의 사랑이 열 아들보다 낫지 않았던 걸까? 그녀는 이와 같은 남편의 사랑에 행복을 느꼈지만 동시에 그 모든 말이 그녀에게 생각의 양식이 되었고, 그녀를 더욱 외롭게 만들었다. 엘가나는 그녀와 자녀 갖는 것을 완전히 포기한 걸까?

그녀는 아브라함이 자녀 문제로 하나님과 씨름했다는 것을 기억했다(창 15:2-6). 비슷한 상황에서 이삭은 자기 아내를 위해 기도했다(창 25:21). 그리고 그들의 아내들은 비록 늦기는 했지만 그들 민족에게 큰 의미를 주는 아들을 낳았다. 그 아들들은 이스라엘을 위한 하나님의 계획의 일부였던 것이다. 그녀는 '하나님, 그분만이 나를 이해하시고, 나를 도우실 수 있는 유일한 분이다!' 생각했다. 그녀는 혼자 성전으로 들어갔다. 거기서 하나님 앞에 엎드려 눈물을 흘렸다. 말할 수 없이 마음이 상해 있었던 그녀는 처음에는 자기 생각을 입 밖에 내지도 못했다. 그러다 마음이 조금 가라앉자, 작은 목소리로 입술을 움직여 기도했다. "만군의 여호와여…." 그녀가 하나님께 이야기하는 태도는 그분에 대한 그녀의 통찰을 밝혀준다. 하나님은 하늘과 땅과 하나님께서 지으신 모든 만물의 여호와시다(창 2:1). 수없이 많은 천사의 무리가 하나님의 뜻대로 되었다(창 32:1-2; 눅 2:13). 이스라엘 민족을 위해 여러 가지 이적을 행하셨다.

또한 "만군의 여호와"라는 이 두 마디는 하나님의 위대하심과 능력에 대한 그녀의 믿음을 나타낸다. 그녀는 '하나님의 위엄에 비추어볼 때 나는 아무것도 아니다. 나는 그저 하찮은 계집종일 뿐이다.' 생각하며 조심스럽게 말했다. 거룩하신 하나님에 비추어볼 때 자신은 보잘것없는 이 땅의 피조물이지만, 그래도 그녀는 하나님을 섬기기 원했다. 그것은 올바른 가치관이었다. 아무리 미천한 인간이라도 하나님을 섬길 수 있기 때문이다.

이것을 깨달은 한나는 하나님께 간절히 부르짖었다. 그녀는 작은 은혜를 구하며 하나님을 모욕하지 않았다. 사람들은 백만장자에게 돈 몇 푼을 요구하지 않는다. 위대한 하나님께서는 이적이 아닌 것을 기대하면 안 된다. 참으로 이적을 기대해야 한다.

한나는 중언부언하며 기도하지 않았다. 구체적으로 간구했다. "하나님, 저는 아들을 원합니다." 그리고 기도 뒤에 약속을 덧붙였다. "그렇게 된다면 제가 그를 여호와께 드리고 삭도를 그 머리에 대지 아니하겠나이다"(삼상 1:11). 하나님께서 만약 그녀에게 아들을 주신다면 그는 포도주를 마시지 않고 머리카락도 자르지 않는, 하나님께 바쳐진 자, 곧 나실인(구별된 자'란 뜻으로 세상과 단절하고 스스로를 구별하여 하나님께 자신을 드리는 사람)이 될 것이라는 서원이었다(삿 13:3-5; 암 2:12; 눅 1:15).

한나의 기도와 주님의 기도(마 6:9-13)를 비교해보라.
비슷한 점은 무엇인가?
이것이 당신의 기도 생활에 무엇을 가르쳐주는가?

그렇다면 한나는 다음과 같이 말한 것 아닐까? "하나님, 하나님께서는 제가 아이를 갖고 싶어 한다는 것을 아십니다. 그러나 그것은 나 자신을 위해서보다 하나님을 위해 더 간구하는 것입니다."

그녀의 백성들이 가지고 있던 신앙, 즉 제사장들의 신앙은 의미를 잃어버렸고 부패했다. 그럼에도 불구하고 한나는 자기 믿음을 보존하면서, 그것을 순결하게 지키고 있었다.

하지만 그녀의 영향력은 제한되어 있었다. 국가에 필요한 것은 하나님과 하나님의 백성 사이를 연결해줄 수 있는 사람, 그 거리감을 메우고 새로운 미래로 인도할 수 있는 사람이었다.

한나가 자신만을 위해서 마음속으로 울부짖었을까? 아니면 하나님과 백성들을 위해서도 눈물을 흘렸을까? 그랬기 때문에 그녀의 기도가 그처럼 큰 영향을 미친 것 아닐까? 그녀는 국가적인 문제에 대한 영적 해결이 자신에게 있음을 깨달았을까? 그것을 밝히기에는 성경의 기록이 너무 간결하지만, 충분히 가능한 일이다.

기독교가 타락하는 길이 있는가?
어떻게 해야 부패한 사람들 속에서
당신의 믿음을 순결하게 지킬 수 있는가?

백성과 제사장직의 부패는 엘리가 그녀를 대하는 태도에서도 나타난다. 그에게는 인간에 대한 이해와 사랑이 거의 없었다. "네가 언제까지 취하여 있겠느냐?"

자기 아들조차 엄격하게 다루지 못하던 제사장이 한나를 대함에 있어서는 아무런 제한도 느끼지 않았다. 그 노인 스스로 통찰력과 자제력이 빈약하다는 것을 드러냈다.

또한 그의 말은 당시 하나님의 집에서 술 취한 사람들과 부정한 여인들을 보는 일이 그리 특별한 일이 아니었다는 것을 나타낸다. 엘리의 아들들까지 회막 문에서 수종 드는 여인과 동침하지 않았던가(삼상 2:22).

그러나 한나는 하나님의 임재하심 가운데 있었기 때문에 자신을 방어하거나 변호할 생각이 없었다. 그녀는 수치감이나 분노를 나타내지 않고, 다만 몇 마디 말로 상황을 설명했다. 그러자 엘리는 갑자기 하나님의 제사장이라는 자기의 본분으로 돌아갔다. 그리고 여호와를 대리하는 자로서 이렇게 말했다. "평안히 가라. 이스라엘의 하나님이 네가 기도하여 구한 것을 허락하시기를 원하노라"(삼상 1:17). 그는 그녀가 구하는 것이 무엇인지 몰랐지만, 하나님께 지시를 받은 대로 그녀의 기도가 응답될 것이라고 말했다.

그 말과 함께 진실한 기도 뒤에 수반되는 하나님의 평안이 그녀의 마음속으로 들어왔다(빌 4:6-7). 그 순간 그녀는 모든 염려를 하나님께 드리고 자신의 일을 그분 손에 맡겨버렸다.

―

> 주님이 동행하는 데 있어서 기도가 어떤 역할을 하는가?
> 구할 것을 주 앞에 가지고 나아갈 때
> 결과에 상관없이 평안을 경험하는가?
> 당신의 삶에서 기도가 중요한 역할을 하지 못한다면,
> 한나의 본을 통해 당신의 믿음을 기르고
> 깊은 관계를 발전시킬 수 있는 방법은 무엇인가?

―

수세기가 지난 뒤 히브리서 저자는 "믿음은 바라는 것들의 실상이요 보이지 않는 것들의 증거니"(히 11:1)라고 기록했다. 그것이 바로 한나가 경험한 것이다. 자신의 기도가 응답되리라는 확신이 그녀의

마음속에 들어왔다.

외적으로도 변화가 뚜렷했다. 그녀의 식욕이 회복되었고, 다시는 얼굴에 근심하는 빛이 없었다. 그녀는 다른 사람들이 알아볼 수 있도록 하나님을 신뢰하며 믿음으로 살았다.

―――

하나님에 대한 한나의 헌신이 당신에게 어떤 도전을 주는가?

―――

1년 뒤 '하나님께서 들으셨다'는 의미의 이름을 가진 사무엘이 태어났다. 한나는 이제 버림받은 여인이 아니라 '은혜', '호의'라는 그녀의 이름대로 특권을 가진 자가 되었다. 그녀의 기도가 역사의 한 전환점을 이루었기 때문이다.

―――

기도가 국가의 미래에 영향을 줄 만큼 강력한 힘이 있다고 생각하는가?
기도의 능력에 대한 성경구절들을 정리해보라.
그중 당신에게 가장 큰 영향을 준 구절은 무엇이며,
그것이 당신의 기도 생활을 어떻게 변화시켰는가?

―――

오래지 않아 온 이스라엘이 하나님의 말씀을 다시 듣게 되었다(삼상 3:21-4:1). 여호와께서는 사무엘이 아직 소년이었을 때조차 그를 통해 자신을 계시하셨다. 북쪽으로는 가장 먼 단에서부터 남쪽의 가장 먼 브엘세바에 이르기까지 사람들은 사무엘이 하나님께 선택된 선지자임을 인정했다(삼상 3:19-20).

우상을 섬기던 백성들이 하나님께로 돌아섰다. 블레셋 사람들에게 약탈당해 불명예스럽게 되었던 여호와의 궤가 돌아왔다(삼상 4:11, 6:1-7:1). 블레셋 사람들이 이스라엘과 평화롭게 된 것은 사무엘 시대에 여호와의 손이 블레셋을 치셨기 때문이다. 또한 전쟁으로 잃어버렸던 성읍들도 다시 찾았다.

한나의 믿음은 그녀의 아들과 함께 살아 있었다. 수세기가 지난 뒤에도 그의 이름은 믿음의 영웅의 대열에 오를 것이다(히 11:32-33). 왜냐하면 그는 믿음으로 백성을 다스렸기 때문이다.

기도의 응답으로 태어났고, 그 이름이 그에게 끊임없이 그 사실을 상기시켜 주었던 사무엘은 스스로 기도의 사람이 되었다. 그는 사람들이 기도하지 않는 것은 죄라고 여겼다(삼상 12:23). 그러한 태도는 그가 여러 번 받은 기도 응답의 열쇠가 되었다.

"기도하지 않는 것은 죄다."라는 말을 생각해보라.
어떤 기분이 드는가? 이것이 당신의 삶에서
기도가 차지하는 위치에 대한 관점을 변화시키는가?

오직 영원만이 그가 선지자와 제사장과 사사로 섬겼던 이스라엘 백성들과 이후 그의 생애를 연구했던 수많은 사람들이 사무엘의 생애와 사역에서 어떤 은혜를 입었는지 밝혀줄 것이다.

한나여, 자신의 기도 응답을 볼 때 은혜를 입었다고 생각하지 않는가? 또한 사라와 리브가처럼, 당신의 자녀가 역사 속에서 그와 같은 역할을 한 것을 보는 특권을 누리지 않았는가?

> 한나의 찬양(삼상 2:1-10)은 그녀의 깊은 생각을 보여준다.
> 그녀는 하나님을 어떻게 생각하는가?
> 하나님이 당신의 삶과 세상에서 하신 일을 생각하며
> 당신 자신의 찬양을 써보라.

그리스도의 어머니 마리아도 송가를 지을 때 한나의 기도와 그녀의 감동적인 찬양에서 영향을 받은 듯하다(눅 1:46-55).

한나는 사무엘이 젖먹이에서 아장아장 걸어 다니는 아이로 성장하는 동안 경이로운 시간을 보냈다. 하지만 그 시간은 빨리 지나갔고 사무엘이 젖을 떼자마자 약속한 대로 그 아들을 주신 하나님께 그를 돌려드렸다.

그때부터 그녀는 1년에 한 번씩 남편과 함께 실로에 제사를 드리러 갈 때만 그를 보았다(삼상 2:19-21).

그녀의 기도는 참으로 철저했다. 그녀의 헌신도 그랬다.

그녀는 엘리와 그 아들들의 부패함 가운데에서도 하나님께서 사무엘의 믿음을 지켜주실 것을 믿으며, 사무엘을 위해 매일 하나님께 기도드렸다.

기도와 믿음과 헌신은 그녀의 삶에서 계속되는 특성이었다. 하나님께 모든 것을 드린 사람은 그 이상의 것을 되돌려받는다는 것을 한나는 알고 있었다.

하나님은 결코 사람에게 빚을 지지 않으시는 분이다. 하나님은 그녀에게 다섯 명의 자녀를 더 주셨다.

한나가 하나님께 아들을 드리고 무엇을 받았는가?(삼상 2:21 참조)

이것은 하나님의 본질에 대해 무엇을 가르쳐주는가?

당신이 원하는 때와 방식이 아닐 수 있지만,

하나님께서 당신의 기도에 응답하셨던 때를 생각해보라.

하나님은 어떤 상황에서든 절대로 변하지 않으신다는 사실이

당신의 기도에 어떤 변화를 가져오는가?

한나는 왜 기도 응답을 받을 것이라고 생각했을까? 그녀가 하나님의 선행 조건에 맞았기 때문이다. 그 선행조건들이 성경에 한마디로 간결하게 나와 있지는 않지만, 그것들은 그녀가 하나님과 동행하면서 느끼고 깨달았던 원리였다. 거기에는 다음과 같은 것이 포함되어 있다.

1. **죄 용서를 위해 기도함**(시 66:12-19).
2. **하나님의 위대하심을 인정하며,**
   그분의 이름으로 간구함(요 16:24).
3. **자신이 아무것도 아니라는 것에 감동됨**(삼하 7:18-29).
4. **분명하게 뜻을 밝힌 간구를 드림**(마 7:7-11).
5. **하나님의 뜻이 이루어지고,**

그분의 왕국이 확장되기를 바람(마 6:10).

6. 믿음으로 기도함(히 11:6; 마 21:22).

열거한 항목들이 우리의 기도를 우리가 생각하는 때와 방법으로 반드시 응답받게 한다는 의미는 아니다. 우리는 다만 하나님과 깊이 교제하며 이러한 전제조건들을 고려해야 한다. "내 이름으로 일컫는 내 백성이 그들의 악한 길에서 떠나 스스로 낮추고 기도하여 내 얼굴을 찾으면 내가 하늘에서 듣고 그들의 죄를 사하고 그들의 땅을 고칠지라"(대하 7:14).

하나님께 부르짖으라. 주께서 반드시 들으실 것이다.

**HER NAME
IS WOMAN:
BELIEVERS
AND
LEARNERS**

15 라합

믿음의 영웅들의 대열에 낀 기생
(수 2:1-21, 6:22-25)

> 로마 시대의 어느 여관의 청구서
> 포도주와 빵 1에이스(ace), 뜨거운 식사 2에이스,
> 노새를 위한 건초 2에이스, 여자 한 명 8에이스.
> _ 데오도르 버트(Theodor Birt)

성경은 사실을 있는 그대로 숨김없이 말해주는 정직한 책이다. 성경은 라합이 돈을 벌기 위해 몸을 파는 기생이었다고 말해준다. 어떤 사람들은 그녀가 여관 주인이었다고 말하며 그녀의 슬픈 이야기를 감추려고 애쓴다. 그것이 사실일지도 모르지만, 어쨌든 그녀가 도덕적으로 부패한 여인이었다는 것만은 분명하다.

그 당시 여관 주인은 주로 여자였다. 훗날 로마 시대의 여관 청구서에 식사대와 여자를 위한 비용은 적혀 있는 반면 잠자는 비용은 언급되지 않았다는 사실이 흥미롭다. 그것은 분명 여자의 비용에 포함되어 있을 것이다. 즉 여자는 자기 몸을 제공함으로써 '가외 봉사'를 했고 그것이 청구서에 포함되어 있었던 것이다.

그런 이유로 여호수아가 보낸 정탐꾼들이 그녀의 집으로 간 것은

자연스러운 일이었다. 여리고는 작은 도시였으므로 어쩌면 라합의 여관이 잠잘 수 있는 유일한 곳이었는지도 모른다.

라합은 작은 성의 기생이었으므로
스스로 버림받은 사람이라고 여길 수 있었을 것이다.
성경에서 하나님이 버림받은 사람이나 평이 좋지 못한 사람을
그분의 영광을 위해 사용하신 예가 있는가? 어떤 경우인가?

라합은 그 낯선 사람들, 숨을 동기가 없는 예의 바른 사람들을 이스라엘 사람이라고 생각했을까? 성경은 다만 즉각적으로 방첩 활동이 시작되었다고 기록한다. 왕은 유대인 정탐꾼들이 도시에 들어왔다는 소식을 듣고, 즉시 그들을 체포하라고 사람을 보냈다(수 2:2, 7). 그러나 자기 집에 유숙한 손님들의 신분을 알게 된 라합은 그들을 지붕 밑 삼대에 숨겨주었다(수 2:6). 그때는 추수기였고 성벽을 쌓은 도시는 작았기 때문에, 좁은 거리에 사는 주민들은 조그마한 공간만 있어도 창고로 사용했다. 뚫린 지붕은 멀리서도 다른 사람들이 볼 수 있었지만 라합의 집은 달랐다. 그 집은 이중의 성벽 위에 세워져(수 2:15) 다른 집보다 높았기 때문에 아무도 지붕 위를 볼 수 없었다. 정탐꾼들은 안전했다. 물론 잠깐 동안이었다.

라합은 왕의 심부름꾼들을 따돌렸다. 그들이 그 지역을 샅샅이 뒤지는 동안 그녀는 숨어 있는 정탐꾼들과 이야기했다(수 2:4-5, 7-13). 그녀는 하나님께서 그들에게 땅을 주셨다는 것과 그 지역 백성들이 홍

해가 갈라지는 이적 때문에(출 14:26-30) 그들을 두려워한다는 것을 알고 있었다. 또한 하나님께서 하나님의 백성을 위해 무슨 일을 하셨는지도 잘 알고 있었다. 그녀는 정탐꾼들에게 이스라엘의 하나님 때문에 사람들이 이스라엘 사람들을 두려워한다고 말했다(수 2:11-12).

라합이 이스라엘의 하나님을 알고 있었다는 사실에서
무엇을 생각할 수 있는가?
하나님에 대한 당신의 지식이 당신의 행동에 영향을 미치는가?
하나님의 능력을 생각할 때 환경에 대한
당신의 반응이 어떻게 달라지는가?

그녀는 바른 정보대로 행동하는 현명한 여인이었다. 그녀는 그들과 이야기하면서 신중함을 보였고, 그들을 숨기는 데에서 민첩함을 나타냈다. 또한 그녀는 자신의 선의에 보상을 받을 수 있다고 생각했다. "내가 당신들의 생명을 구해주었으니 당신들도 나와 내 친척의 생명을 구해주시지 않겠습니까?"(수 2:12-13 참조)

그녀는 이스라엘의 하나님에 대한 믿음을 표현하는 동시에 자기 자신에 대한 염려도 자연스럽게 드러냈다. 그녀는 하나님께서 하나님의 백성을 위해 싸우시며, 이 땅을 그들에게 주시려고 한다는 것을 믿고 있었다. 또한 하나님의 능력 때문에 그녀의 백성들이 이스라엘 사람들을 이길 수 없다고 믿었다. 그녀의 행동은 그러한 믿음을 기반으로 한 것이었다.

라합은 믿음 때문에 지혜로운 요청을 할 수 있었다.
당신의 삶에서 믿음 때문에 지혜를 얻은 경우를 이야기해보라.

그녀는 정탐꾼의 군대가 도시를 점령하려고 돌아올 때 그녀의 생명을 구해주겠다는 약속을 요구했다. 그래서 그들은 라합에게 창가에 붉은 줄을 매달아 놓으면 그 집 안에 있는 사람들을 아무도 해치지 않을 것이라고 말했다(수 2:12-13, 17-18). 어떤 성경 주석가들은 그 붉은 줄이 라합의 부도덕적인 직업을 나타내는 것이라고 말한다. 즉 그것이 라합의 '붉은 불빛'을 의미했기에 아무도 그것을 의심하지 않았다는 것이다. 그것이 사실일 수도 있고 아닐 수도 있지만, 양자 간에 합의된 사항인 것은 분명했다. 라합은 지체하지 않았다. 그 사람들이 떠나자마자 창문에 붉은 줄을 매달았다. 그녀는 자기 집이 다른 사람들의 집과 쉽게 구별될 수 있다는 것을 확인하고 싶었다(수 2:21).

하나님은 사람들이(심지어 불신자라도) 그분을 진지하게 생각하기 원하신다. 훗날 예수님이 제자들에게 이 세상의 아들들이 그 세대에는 빛의 자녀들보다 더 지혜롭다고 하시며 그것을 증명하셨다(눅 16:8).

누가복음 16장에 나오는 불의한 청지기 비유를 읽고
특히 10절을 주의하여 살피라.
이 비유에 나오는 원리가 라합의 행동과 어떻게 조화를 이루는가?

일주일 뒤 홍해의 이적이 재현되었다. 다시 한 번 깊은 물이 갈라졌다. 이스라엘 사람들은 높은 둑이 쌓여 있던 요단강을 마른 발로 건넜다(수 3:15-17). 그리고 며칠 뒤 라합은 이스라엘 사람들이 성 주위를 조용히 돌고 있는 것을 보았다. 성문은 닫혀 있었다. 한 사람의 유대인도 들어올 수 없었다. 가나안 사람 역시 아무도 나갈 수 없었다. 그러한 상태가 엿새 동안 계속되었다(수 6:1-3). 그녀는 수시로 붉은 줄을 확인했다. 그녀의 생명이 붉은 줄에 달려 있었기 때문이다.

이레째 되는 날, 이스라엘 사람들은 다시 조용히 성을 둘러싸며 돌았다(수 6:4). 그들의 얼굴은 엄숙했다. 성벽 안팎의 긴장감이 견딜 수 없을 정도였다. 안에 있는 사람들은 공포와 두려움에 가득 찬 눈으로 앞날을 바라보고 있었다. 그러나 한 집만은 예외였다. 라합의 집에는 소망과 신뢰가 있었다. 그녀는 하나님의 백성과 언약을 맺었으며, 그것은 곧 하나님과 언약을 맺고 있는 셈이었다.

야고보서 2장 14-25절을 읽으며 25절에 나오는 라합에 주목하라. 라합의 이야기는 야고보가 말하는 참된 믿음을 어떻게 설명해주는가?

양각 나팔 일곱 개를 가진 일곱 제사장이 나팔을 불며 성을 돌자, 여호수아의 명령에 따라 이스라엘 백성들이 소리치기 시작했다. 그러자 믿을 수 없는 일이 일어났다. 땅이 흔들렸고 수년 동안 성을 안전하게 지켜주던 벽들이 흔들리면서 무너져버렸다. 그렇게 도시가 드러나고 말았다(수 6:20).

훗날 히브리서 저자는 믿음이 성벽을 무너뜨렸다고 말했다. 그리고 그와 똑같은 믿음이 성벽의 일부를 세워 놓았다. 바로 라합의 집이 서 있는 성벽이었다(히 11:30-31).

히브리서 11장 31절에 따르면 라합이 불순종한 사람들과 함께 멸망하지 않은 이유가 무엇인가?
그녀는 어떤 행동과 태도로 자신의 믿음을 입증했는가?

양편 모두 약속을 이행했다. 라합은 자기가 할 일을 했고, 하나님께서는 그녀의 믿음을 보상해주셨다. 이스라엘의 하나님이 승리하시리라는 믿음이 강했기에, 그녀는 친척들에게도 와서 함께 있자고 자신 있게 말할 수 있었다. 결국 그들 모두 생명을 보존했다.

라합의 믿음은 그녀의 친족에게 엄청난 영향을 끼쳤다.
당신의 믿음이 가족의 삶에 어떤 영향을 줄 수 있는가?
가족 중에 행동하는 믿음을 보아야 할 사람은 누구인가?

라합의 삶은 부도덕이라는 불명예스러운 오점에서 이후 빛나는 믿음의 본보기가 되었다. 그녀의 믿음이 그녀의 행동을 이끌 만큼 강했기 때문이다. 야고보도 그녀의 행함을 언급한다(약 2:17). 만약 믿음이 필요한 시험에서 실패한다면 그것은 소용이 없는 것, 즉 죽은 것이다. 내적 믿음은 오직 외적 행동으로 인식될 수 있기 때문이다.

믿음에 관해 한 가지 정의를 내린다면, 하나님과 하나님의 말씀에 고정되고 깊은 신뢰감을 가지는 것이라 말할 수 있다. 라합은 그런 믿음을 가지고 있었다. 때문에 하나님께서는 그녀의 더럽혀진 초상화를 깨끗하게 하시고, 믿음의 영웅들의 초상화가 걸린 화랑에 사라 다음으로 걸어 놓으셨다. 이 두 여인은 남자들만 나오는 대열에 끼어 있는 유일한 여성들이다(히 11:11, 31).

> 그리스도를 만나기 전에는 우리 모두가 부끄러운 삶을 살았다.
> 하나님께서 어떻게 당신의 죄를 대속하시고 깨끗하게 하셨는가?
> 당신의 삶에서 하나님이 하신 일들을 찬양하라.

사라처럼 라합도 믿음의 영웅일까? 그렇다. 하나님께서는 사람을 차별하지 않으신다(행 10:34; 롬 2:11). 그분은 경건하지 않은 자를 의롭게 하신다. 라합의 이야기는 거기서 끝나지 않았다. 여리고 성의 정복은 시작일 뿐, 하나님을 발견한 그녀의 삶은 꽃피기 시작했다. 그녀는 이전에 가졌던 직업을 더 이상 그리워하지 않고, 존경할 만한 가정주부가 되었다. 이방 여인으로 유대인들 사이에 살면서 이스라엘 사람 살몬과 결혼하여 자녀를 두었다(수 6:25; 마 1:5). 동정심 많고 지혜로운 그녀의 아들이자 룻의 남편인 보아스를 볼 때, 그녀가 어머니의 역할을 참으로 잘 감당했음을 알 수 있다. 룻은 다윗 왕의 증조모가 되었기 때문이다(룻기; 마 1:5-16). 믿음으로 라합은 메시아, 즉 예수 그리스도의 계보 가운데 한 어머니가 되었다.

**HER NAME
IS WOMAN:
BELIEVERS
AND
LEARNERS**

16

유대인 여종

하나님에 대해 이야기한 소녀
(왕상 5:1-5, 14-17; 행 1:8)

> 문제는 좀 더 많은 돈과 시간을 가지고 교육을 받아서
> 주님을 위해 무엇을 할 수 있느냐가 아닌,
> 지금 가지고 있는 것으로 무엇을 할 것이냐다.
> 당신이 누구이며 무엇을 가지고 있는지는 중요하지 않다.
> 그리스도께서 당신을 주관하시는지, 그렇지 않은지가 중요하다.
> _ 무명

BC 850년, 표면상으로 이스라엘은 평화로웠다. 그러나 시리아의 왕 벤하닷의 군대가 툭하면 쳐들어와서 포로를 잡아가곤 했다. 어느 날 그들은 열다섯 살도 안 된 유대인 여종 하나를 사로잡았다. 그 아이의 이름은 성경에 기록되어 있지 않다. 아마도 그녀의 이야기가 너무도 인상적이기 때문에 그녀의 이름은 2차적인 문제였던 것 같다.

그 소녀는 왕의 고위층 군대장관 아내의 종이 되었다. 군대장관 나아만은 능력 있고 영향력이 큰 사람이었다. 또한 그는 전쟁에서 큰 공을 세웠기 때문에 왕이 존귀하게 여기는 사람이었다(왕하 5;1). 그 소녀가 다마스커스의 노예시장을 거쳐 이 좋은 가정에 오게 된 것이 하나님을 경외하는 그녀의 부모가 기도한 결과였을까? 아니면 그녀

자신이 하나님께 울부짖은 기도에 대한 응답이었을까?

당시 나아만은 깊은 근심에 싸여 있었다. 그의 가정 역시 어두운 그림자로 덮여 있었다. 그는 가장 무서운 병인 한센병에 걸려 있었다. 누구든 한센병에 걸리면 남은 일생 동안 쫓겨나 있어야 했다(레 13:45-46). 그것은 무시무시한 병이었으며, 죽을 때까지 고립되어야 하는 고통에서 벗어나는 데 몇 년이 걸릴지 알 수 없었다.

때문에 나아만은 이미 죽은 사람과 같았다. 그의 육체적인 죽음은 조금 더 남아 있을지 모르지만, 사람들에게는 곧 존재하지 않는 것과 다름없어질 것이다. 왕도, 전쟁에서의 공적도 그의 추방을 막지 못한다. 그는 거지처럼 성 밖에서 방황하게 될 것이다. 그에게 가까이 가는 사람 누구나 그에게서 멀리 떨어져 있으라는 경고를 받게 될 것이다. 나아만과 그의 아내는 그 병을 비밀로 하려고 애썼지만 불가능했다. 얼마 안 되어 그 비밀이 사람들에게 알려졌고, 그 집에 있던 여종까지도 이 충격적인 상황을 알게 되었다. 그녀는 자기가 포로 된 것에 비통해하지 않았다. 부모에게서 배운 하나님에 대한 믿음이 그렇게 되지 않도록 막아주었다. 그녀는 상전에게 복종했고, 그들에게 동정을 느꼈다. 그것을 인식한 그들 역시 그녀를 신임했다.

당신이 처한 상황이나 사람 때문에 쓴뿌리를 경험한 적이 있는가?

그때 당신과 하나님의 관계는 어떠했는가?

성장한 믿음이 당신의 관점을 어떻게 변화시켰는가?

그들의 문제는 심각했다. 그러나 하나님께 가져갈 수 없는 문제는 존재하지 않는다는 것을 몰랐을까? 하나님께서 이 땅에 그분의 종 엘리사를 두셨다는 사실을 몰랐을까? 엘리사는 그 소녀의 집에서 매우 존귀하게 여기던 존재였다. 그래서 그녀는 자기 안주인에게 자연스럽게 제안했다. "주인님은 왜 사마리아에 계신 선지자를 만나러 가지 않나요? 그는 주인님의 한센병을 고칠 수 있는데요"(왕하 5:3 참조).

어려울 때 당신은 하나님을 찾는가?
그렇다면 당신 자신과 대인 관계에서 어떤 결과를 얻었는가?
그렇지 않다면 그 이유는 무엇인가?

몇 마디에 불과한 그 말은 매우 큰 영향을 미쳤다. 거기에는 확실한 죽음 대신 생명의 가능성이 있었기 때문이다. 여주인은 소녀의 말을 신중하게 받아들였고, 주인도 그것을 왕께 전달했다. 왕은 즉각적인 행동을 명령했다. 나아만은 가능한 빨리 많은 선물을 가지고 사마리아에 있는 선지자 엘리사를 만나러 떠났다(왕하 5:4-6).

나아만이 돌아왔을 때 그의 무시무시한 병이 치료되었을 뿐 아니라 그의 피부는 깨끗하고 흠이 없어 마치 어린 소년의 피부처럼 건강했다. 치료 과정은 훨씬 더 심오했다. 그의 마음은 깊이 감동되었다. 그는 이스라엘의 하나님을 신임하며 이렇게 말했다. "내가 이제 이스라엘 외에는 온 천하에 신이 없는 줄을 아나이다." 우상을 숭배하는 대신 그는 살아계신 하나님을 경배하는 자가 되었다(왕하 5:14-17).

어린 소녀의 생애는 두어 문장으로 묘사되었을 뿐 더 이상 아무런 언급이 없다. 하지만 그녀의 삶에는 매우 인상적인 몇 가지가 있다.

> 어린 소녀는 자신의 상황을 벗어나지 못한 채
> 평생 집과 떨어져 종으로 살았다.
> 하나님께서 다른 모든 사람을 구원하고 당신만 빼놓은 것 같을 때
> 당신은 어떻게 반응하는가?

첫째, 그녀는 자신의 일을 매우 잘했다. "행동이 말보다 더 크게 들린다"는 말이 있다. 그녀는 사람의 믿음이 그의 행동으로 증명된다고 한 야고보의 말을 듣지 못했지만(약 2:14, 26), 그 설교를 실천으로 옮겼다. 그래서 그녀의 말은 여주인에게 신중하게 받아들여졌다.

> 당신의 행동은 하나님을 믿는 당신의 말과 일치하는가?
> 그렇지 않다면 그 이유는 무엇인가?
> 행위가 구원에 도움이 되지 못하고 오직 믿음을 드러내는 것이라면,
> 어떤 마음을 가져야 주님의 능력이 삶에 드러날 수 있는가?

둘째, 그녀는 부끄럽다는 이유로 침묵하지 않았다. 또한 중대한 말을 하기에는 자신이 너무 어리다고도 생각하지 않았다(딤전 4:12). 다른 사람이 자기 말을 듣기에 자기의 신분이 너무 낮다고도 생각하지 않았다. 그녀는 필요를 느끼는 사람을 보았고, 이스라엘의 하나님께

서 그 필요를 채워주실 수 있다고 믿었다. 즉 하나님께서 나아만의 무서운 병을 고쳐주실 것이라 믿었다. 그녀의 말은 단순한 몇 마디에 불과했지만, 그 결과는 굉장했다. 나아만에게 새로운 미래가 열렸다.

하나님이 당신을 사용하기 원하신다고 느낀 상황에서
그것을 담대히 말하지 못하게 하는 것은 무엇인가?
당신의 나이, 사회적 신분, 성격, 성 등 그밖에 무엇이 있는가?

단순한 몇 마디가 한 사람에게 새로운 생명을, 그의 가족에게는 소망을, 그의 왕에게는 조력자를, 그리고 이스라엘의 하나님에 대한 관심과 영광을 가져다주었다. 그 소녀는 훗날 성령의 인도하심으로 기록된 말씀을 통해 오늘도 사람들에게 계속 이야기되고 있다. 역사는 그녀가 한 말과 행동을 결코 잊어버릴 수 없다.

소녀가 한 일을 사도행전 1장 8절에서
예수님이 분부하신 것과 비교해보라.
그녀의 담대함에서 어떤 교훈을 얻을 수 있는가?
어떻게 해야 당신도 삶에서 담대할 수 있을까?

그녀의 말은 그녀의 믿음, 즉 실재에 의해 시험받은 믿음이요, 자기 주변 사람들을 섬겼던 믿음을 드러냈다. 그녀의 믿음 때문에 한 생명이 변화되었다. 보잘것없는 여종은 결코 보잘것없지 않았다.

HER NAME IS WOMAN: BELIEVERS AND LEARNERS

17
룻

충성심이 두드러진 여인
(룻 2:1-23, 3:1, 4:13, 룻기 전체 참조)

> 모든 여인은 하나님의 '발전소'가 되어
> 곤경에 빠진 인간에게 사용될 특권이 있다.
> 사람들은 무엇보다 사랑을 원한다.
> 그들은 사랑에 목마르기 때문이다.
> _ 맨더스 형제(Brother Mandus)

룻은 쉬지 않고 일했다. 태양이 점점 뜨거워지자 그녀의 등에서 땀이 줄줄 흘러내렸다. 그녀가 착실하게 줍고 있는 이삭은 점점 늘어갔다. 잠시 일을 멈추고 그늘에 앉아 휴식을 취했지만 오래 앉아 있지는 않았다. 그녀는 많은 이삭을 주워 시어머니 나오미를 놀라게 해드리고 싶었다.

갑자기 발자국 소리가 다가오더니 어떤 남자가 말을 건넸다. 올려다보니 과히 젊지 않은 남자의 모습이 보였다. 그녀는 즉시 그를 알아보았다. 그 땅 주인인 보아스였다(룻 2:3).

"내 딸아, 들으라." 그가 말했다. "여기 우리와 함께 있으면서 이삭을 주우라. 다른 밭으로 갈 생각은 하지 말고 나의 여자 일꾼들 뒤를 따라가라. 내가 젊은이들에게 너를 건드리지 말라고 경고했다. 목이 마르거든 와서 물을 마셔라"(룻 2:8-9 참조).

룻은 그의 친절함과 자상함과 따뜻한 말씨에 깜짝 놀라며 무릎을 꿇고 절을 했다. "왜 제게 주의를 기울이십니까?" 그녀는 더듬거리며 말했다. "당신은 정말 친절하십니다. 제가 이방인인 것을 아시는지요?"(룻 2:10 참조) 룻은 '그는 나를 거지처럼 취급하지 않는다. 마치 나를 자기를 위해 일하는 여자 일꾼 중 하나처럼 이야기하고 있다'고 생각했다. "그래, 알고 있다." 보아스가 대답했다. "네 남편이 죽은 뒤 네가 네 시어머니에게 한 모든 일을 알고 있다. 또한 네가 네 부모와 고향을 떠나 우리 백성들 사이에서 이방인으로 살러 왔다는 것도 알고 있다"(룻 2:11 참조).

'정말 친절하신 분이야.'라고 생각하며 그녀는 베들레헴에서 도착한 후부터 보아온 보아스의 친절함을 신뢰하기 시작했다. 또한 부자이지만 그가 자기 일꾼들에게 예의 바르고 공정하게 대해주는 것을 주시해보았다. "여호와께서 너희와 함께하시기를 원하노라!" 보아스는 그들에게 이렇게 말했다. 그러면 그들은 이렇게 대답했다. "여호와께서 당신에게 복 주시기를 원하나이다"(룻 2:4). 그녀는 '이것이 종교적인 이 나라에서 서로 인사하는 방법이고 경건한 예의를 반영한 인사문일까?' 생각했다. '아니면 보아스와 하나님의 친밀한 교제가 그의 일상에 반영된 결과일까?'

보아스가 다시 그녀에게 말했다. "여호와께서 네가 행한 일에 보답하시기를 원하며 이스라엘의 하나님 여호와께서 그의 날개 아래에 보호를 받으러 온 네게 온전한 상 주시기를 원하노라"(룻 2:12).

그가 하나님에 대해 얼마나 자연스럽게 이야기하는지 룻은 감탄을 금치 못했다. '그는 나오미와 같은 식으로 말하는구나.' 그녀는 생각에 잠겼다. 그러한 하나님과의 관계는 언제나 그녀에게 깊은 인상을 남겼다. '이 사람은 참으로 하나님을 염두에 두고 있구나. 그의 말에서, 그리고 그의 말의 깊이에서 그것을 느낄 수 있어. 그는 내가 왜 이 나라에 왔는지 이해하고 있어. 그의 말이 옳아. 나는 이스라엘의 하나님의 날개 아래에서 보호받기 원해.'

―――

말에서 하나님이 느껴진다는 의미가 무엇인가?
당신의 말과 태도가 그것을 나타내는가?

―――

"당신의 말씀은 정말 제 마음에 위로가 되는군요." 그녀는 꾸밈없이 말했다. "저는 당신의 시녀도 아닌데 제게 참으로 친절하십니다" (룻 2:13 참조).

몇 시간 더 일한 뒤 식사 시간이 되었다. 룻은 겸손하게 추수하는 자들과 떨어져 있었다. 그녀는 자기 위치를 알고 있었다. 그런데 보아스가 다시 한 번 그녀를 앞으로 불렀다. "이리로 오너라. 우리와 함께 먹자"(룻 2:14 참조). 그녀가 다가오자 그는 그녀가 먹을 것을 넉넉히 받았는지 확인했다. 그리고 그녀가 충분히 먹을 때까지 그녀를 돌아보았다. 그녀는 두려움과 흥분이 섞인 모습을 간신히 감추었다. 일반적으로 히브리 남자들은 사람들 앞에서 여자들과 별로 상관을 하지 않으며, 이방 여인들은 더욱 거들떠보지 않는다는 것을 알고 있었기 때문이었다. '그런데도 그는 나를 자기와 신분이 동등한 높은 여자처럼 대하고 있어.' 그녀는 놀라움을 금치 못하며 생각했다. '나는 그의 땅에서 낯선 자인데 말이야.'

룻은 주변 사람들에게 빨리 인정을 받았다. 충성심과 예의와 겸손한 태도와 열심을 통해 보아스의 땅에 처음 발을 들여놓았을 때부터 강한 인상을 주었다. 그녀는 이방인이었지만 유명한 나오미의 며느리라는 위치 때문에 쉽게 받아들여졌다. 가난한 자와 이방인을 도와주라고 요구하는 히브리 법률 아래에서, 그녀는 사람들에게 자기 권리를 내세울 수 있었다(레 19:9-10).

> 당신의 평판은 어떤 면에서 당신의 행위를 반영하는가?

하지만 룻은 그들에게 아무것도 요구하지 않았다. 그녀는 곡식 낟알을 줍겠다고 겸손하게 허락을 구했고, 자기에게 베풀어지는 호의 하나하나와 모든 사람에게 깊은 사의를 표했다. 맡겨진 일에도 책임을 다했다. 또한 보아스가 그녀를 알아본 유일한 사람은 아니었다. 그녀는 일하는 사람들을 거느린 사환에게도 좋은 인상을 주었다. 그래서 여자들이 남자를 위해 물을 길어 오는 것이 통례인 나라에서 그녀는 하인들이 길어온 물을 마실 수 있었다(룻 2:9).

곧 그녀의 충성심에 대한 소문이 퍼졌다. 예를 들면 베들레헴에 사는 사람들은 자기 시어머니를 아주 잘 모시는 모압 여자에 대해 이야기했다. 그녀는 위엄과 영감이 있고 다른 사람에 대한 관심과 사랑이 있는 이방인으로 알려지게 되었다.

저녁이 되어서야 룻은 일을 마쳤다. 낮 동안 주운 보리를 털어보니 한 에바(약 2말)나 되었다(룻 2:17). 그녀는 오전보다 오후에 일이 더 수월했다는 것을 눈치 챘을까? 보아스의 명령으로 하인들이 보리 이삭을 일부러 떨어뜨렸다는 것을 깨달았을까?(룻 2:16)

룻은 무거운 보리 자루를 들고 보아스의 밭에서 성으로 돌아갔다. 피곤하지만 만족하고 감사한 마음으로 나오미의 집에 다다랐다(룻 2:18). "이렇게 많이?" 룻이 가져온 많은 곡식을 본 나오미는 너무 기쁜 나머지 소리를 질렀다. "어디에 있었느냐? 누구를 위해 일했느냐? 하나님께서 네게 친절을 베푼 사람을 축복하시기 바란다!"(룻 2:19 참조) 나오미의 질문은 그칠 줄 몰랐다. 룻도 그날 있었던 이야기를 시작했다. 나오미는 며느리가 말하는 내용에 흥분했다. 보아스가 룻에게 한 말과 행동, 그리고 어떻게 룻이 추수가 다 끝날 때까지 이삭을 주우러 계속 오도록 초대되었는지 모두 들었다(룻 2:21).

"그 사람은 우리 친족이란다." 이야기를 다 들은 나오미는 이렇게 외쳤다(룻 2:20 참조). 그녀의 목소리에 놀라움과 희망이 감돌았다. 그녀는 하나님께서 첫날부터 룻을 매우 분명하게 인도해주시는 것에 감동되었다. 보아스는 과거와의 연결이었다. 그가 미래로 가는 다리 역할도 하게 될까?

이후 몇 주일 동안 보리와 밀의 타작이 끝날 때까지 룻은 매일 아침 밭으로 나갔다. 첫날에 이미 몇 주 먹을 만큼 충분히 양식을 주웠지만 게으름 피우지 않았다. 그녀는 자기가 부유한 보아스의 친족이라는 사실을 내세우지 않았다. 아무 주장 없이 자기의 일을 하며 나오미를 혼자 내버려두지 않겠다는 약속에 충실했다.

매일 하는 일에서 당신의 신실함이 어떤 모습으로 나타나는가?
또한 당신이 만나는 사람들에게는 그것이 어떻게 나타나는가?

7-8주가 쏜살같이 지나갔다. 여느 때처럼 모든 일꾼이 추수기 마지막에 정성껏 만든 음식으로 잔치를 벌였다. 보아스는 마음껏 먹고 마신 뒤 곡식을 지키기 위해 타작마당에 누워서 잤다.

그것은 나오미가 기다리고 있던 극적인 상황이었다(룻 3:2). 히브리 법률에 따르면 자녀가 없는 과부는 죽은 남편의 형제와 결혼할 권리가 있었다. 죽은 남편의 이름을 보존하기 위해 모세는 죽은 남편의 동생이 형의 미망인과 결혼해야 한다는 법을 제정했던 것이다. 그 결혼에서 태어난 맏아들은 죽은 자의 가계를 이어 그 이름이 잊혀지지 않도록 해야 했다(신 25:5-10). 나오미가 알기로 보아스는 룻이 자기 권리를 청구할 수 있는 가장 가까운 친족이었다. 엘리멜렉의 살아있는 형제가 아무도 없었기 때문이다. 그러나 나오미는 남편과 아들들의 후손과 이름을 계승시키는 것만 염두에 두지 않았다. 그녀는 룻의 행복에도 관심이 있었다. 지난 몇 주 동안 일어난 일들을 조심스럽게 살펴보며, 그녀는 하나님께서 그들을 인도하신다는 것을 확신했다.

나오미와 룻은 추수기가 시작될 무렵 베들레헴에 도착했다. 아무 것도 알지 못한 채 룻은 보아스의 땅으로 갔다. 제3자였던 나오미는 두 사람의 타오르는 사랑을 탐지했다. 마치 하나님께서 룻과 보아스를 연합시키시기 위해 그러한 상황을 이용하시는 것처럼 보였다.

> 우리는 종종 삶에 찍힌 하나님의 손자국을 늦게까지 보지 못한다.
> 지난날 하나님이 당신의 삶에서 일하신 것을
> 이제야 깨닫게 되는 것이 있는가?
> 그것이 당신과 하나님의 관계에 어떤 생각을 갖게 하는가?

나오미는 룻과 보아스의 관계가 훌륭한 조상들의 결혼과 유사하다는 것을 발견했다. 보아스의 어머니 역시 이스라엘 여인이 아니므로 그는 룻에게 적합한 남편인 것 같았다(수 6:25; 마 1:5).

또한 룻은 훌륭한 내조자가 될 수 있을 것이다. 그것은 하나님께서 첫 번째 여인 하와에게 주신 규범이었다(창 2:18). 뿐만 아니라 나오미는 족장 아브라함과 그의 아내 사라에 대해 생각했다. 그리고 이삭과 야곱의 아내인 리브가와 라헬처럼 부지런히 일하려는 룻의 갈망이 경건한 남자와의 만남으로 발전되었음을 깨달았다. 옛 언약의 인장과 같았던, 여인에 대한 남자의 사랑이(창 24:67, 29:20) 보아스에게도 나타났던 것이다.

이제 나오미가 해야 할 일은 하나님께서 문을 열어주시는지, 아니면 닫아버리시는지를 검토하는 것이었다. 그래서 그녀는 세 가지 요인(하나님의 율법의 성취, 룻에 대한 사랑, 성령의 인도하심)에 대한 감지를 기준으로 룻에게 한 가지 제안을 했다.

당신은 하나님의 뜻을 어떻게 분별하는가?
나오미의 접근방식 중 당신에게 적용할 수 있는 것은 무엇인가?

"목욕을 하고 향수를 뿌리고 좋은 옷을 입어라. 그리고 오늘 밤 타작마당으로 가거라. 보아스가 저녁 식사를 마칠 때까지는 그의 눈에 띄지 않도록 해라. 그 후에 네가 어떻게 해야 할지는 그가 분명히 해줄 것이다"(룻 3:3-4 참조).

모압의 문명권에서 교육을 받은 룻은 그것이 이상한 제안이라고 생각했다. 이스라엘의 법을 기쁜 마음으로 따르려 했지만, 현숙한 여인이었기 때문에 정절과 순결을 사랑했으며, 또한 기백이 있었고, 대담하게 원대한 결정을 내렸다. 하지만 그녀는 나오미에 대한 깊은 존경을 가지고 있었고, 또한 나오미가 자기를 행복하게 해주기 위해 무언가를 하리라 믿고 있었다. 그녀는 나오미가 잘못된 제안을 하지 않을 거라 생각했다. 나오미는 하나님을 염두에 두고 있으므로 그녀의 조언을 듣는 것이 현명한 일이라 믿었다.

하나님과 깊은 관계를 가진 여인들과 교제해본 적이 있는가?
있다면 그 여인들이 당신의 삶에서 어떤 역할을 했는가?
없다면 당신이 친밀하게 지낼 수 있는,
지혜와 분별력을 지닌 경건한 여인은 누구인가?

"어머니의 백성이 나의 백성이 되고 어머니의 하나님이 나의 하나님이 되시리니." 베들레헴으로 오는 길에 룻은 나오미에게 이렇게 선언했다(룻 1:16). 이제 그녀가 안식처로 찾아온 이 땅과 하나님의 율법에 적응할 때가 왔다. 하나님께서는 그녀를 지켜보실 것이다. 하나님께서는 지금도 그녀를 버리지 않으셨다. 그녀는 결국 하나님을 신뢰하면서 나오미가 제안하는 것을 받아들이기로 결정했다.

룻 역시 보아스에게 깊은 존경심을 가지고 있었다. 그는 그녀가 요청하지 않아도 그녀를 보호해주고, 그녀에게 필요한 것을 공급해줄 사람이었다. 그는 이미 그녀를 이해한다는 것을 보이지 않았던가. 또한 그는 하나님과 가까이 동행하고 있는 사람이다. 그는 그녀에게 상처를 주거나 그녀를 고통스럽게 하지 않을 것이다.

"어머니의 말씀대로 내가 다 행하리이다." 룻이 나오미에게 대답했다(룻 3:5). 그날 밤 그녀는 다시 한 번 남자를 위해 신부로 단장한 여인이 되어 보아스의 발아래에 누웠다. 그리고 보아스가 어떤 반응을 보일까 궁금히 여기며 기대하는 마음으로 기다리고 있었다.

자정쯤 되자 보아스는 잠이 깨어 자기 발아래에 한 여인이 누워 있는 것을 발견하고 깜짝 놀랐다. 그러나 룻은 단순하고 분명하게 이야기했다. "하나님의 율법을 근거로, 당신은 나의 가장 가까운 친족이시므로 내가 당신의 아내가 되도록 허락해주십시오"(룻 3:9 참조).

보아스의 반응은 룻을 감동시켰다. 그는 다시 한 번 그녀를 얼마나 잘 이해하는지 보여주었고, 그의 겸손에 그녀는 깊이 감동되었다.

보아스는 자기 자신이 바람직한 구혼자라는 사실을 간과하면서,

룻이 그녀의 죽은 남편에게 충실했다는 사실에 대해 이야기했다. 그는 남자를 대하는 그녀의 순결을 언급했고, 그녀의 덕행이 성에 있는 모든 사람에게 알려져 있다고 칭찬했다(룻 3:10-11).

당신의 삶에서 보아스가 했던 것처럼
여인에게 인격적이고 정중한 자세를 보인 사람은 누구인가?
결혼한 사람이라면
남편에게 그런 인격을 보여줄 수 있는 방법은 무엇인가?
싱글이라면 부모, 형제, 친구 등에게
그런 인격을 보여줄 수 있는 방법은 무엇인가?

그는 계속해서 기꺼이 그녀와 결혼하겠다고 말했다. 그러나 문제가 하나 있었다. 룻에게는 자기보다 더 가까운 친족이 있었다. 만약 그 사람이 자기 권리를 포기한다면, 그때는 룻과의 결혼이 자유로워진다. 그 시험을 통해 하나님께서 두 남자 중 누구를 룻의 남편으로 작정하셨는지 분명하게 보여주실 것이다. 룻은 다시 한 번 남자에게 자신을 드리는 괴로운 경험을 체험할 필요가 없었다. 보아스가 그녀를 위해 준비할 것이기 때문이다. 그는 그녀에 대한 관심을 한 번 더 나타냈다. 즉 그녀를 한밤중에 보내지 않았다(룻 3:12-13).

아침 일찍 아직 어두울 때 룻은 보아스를 떠나 텅 빈 거리로 나갔다. 보아스는 밤새도록 그녀를 지켜주었다. 그녀에 대한 그의 깊은 사랑과 존경은 자신의 욕망을 조절하는 것으로 표현되었다.

또한 그는 그녀의 명예를 보호했다. 그녀가 타작마당에 누웠던 것은 아무도 몰랐다. 만약 그 사실이 알려진다면 그녀의 명예가 손상될 것이며, 보아스에게 적합한 배우자가 되지 못할 것이다(룻 3:14).

룻과 보아스의 관계를 주의 깊게 살펴보라.
하나님이 그들을 서로에게 인도하셨다고 생각하는가?
그렇게 생각하는 이유는 무엇인가?
이 이야기에서 행복한 결혼의 기초를 찾을 수 있는가?
그 이유를 설명해보라.
그들 관계의 특징을 당신의 삶에 적용할 수 있는 방법은 무엇인가?

보아스는 악에서 자기를 지켰을 뿐 아니라 다른 사람들이 어떻게 생각할지도 의식했다. 그의 대화와 태도는 그에게 하나님이 가장 중요하다는 것을 증명했다. 룻은 다음과 같이 생각했다. '그는 나를 처음 만났을 때와 똑같아. 그때는 정규적으로 일하는 낮이었지만 지금은 밤중이고 예기치 못했던 상황이야.' 이제 그녀는 보아스가 하나님과 가깝다는 것을 알았고, 마음속에서 그러한 남자에게 자신을 내맡길 수 있다는 사실을 확신했다.

하나님에 대한 신뢰가 어떻게 다른 사람에 대한 신뢰로 이어지는가?
당신과 하나님의 관계가 주위 사람들을 분별하는 데 도움이 되는가?

그녀가 떠나려 하자 보아스는 그녀에게 보리를 주며 말했다(룻 3:15 참조). "네 시어머니에게 빈손으로 가면 안 된다." 그러한 행동으로 그는 룻에게 두 가지 약속을 전달했다. 즉 그는 그녀와 결혼해도 나오미를 잊지 않을 것이라는 사실과 앞으로 있을 그들의 결혼 선물로 작은 부분을 보증해주었다. 만약 룻이 집으로 가는 길에 누군가를 만난다면, 그녀가 나오미를 돌본다는 증거물이 되어 그녀의 이른 외출에 대한 합리적인 설명이 될 것이다.

'쾌속'이라는 의미의 이름을 가진 보아스는 그 이름에 맞게 살았다. 바로 그날 그는 법에 따라 세부적인 일들을 처리했다(룻 4:1-10). 그는 성문에서 룻의 구속자가 될 수 있는 혈기왕성한 다른 친척을 만났다. 그런 다음 그 성의 장로 10명을 불러 모아 회의를 열었다. 자기 유산이 위태롭게 될지 모른다는 이유로 상대방이 룻과 결혼하지 않겠다고 결정하자, 보아스는 증인들 앞에서 나오미의 땅을 샀다. 그것은 그가 그녀의 남편과 아들들의 유산에 책임을 진다는 의미였다. 그렇게 그는 룻의 합법적인 남편이 되었고, 아들이 태어나면 그녀의 첫 번째 남편의 이름을 계승하게 될 것이라고 약속했다.

신부 룻은 특별한 자질을 가진 여인이었다. 그녀는 용감했으며 익숙해진 현재와 미지의 미래를 대담하게 바꾸었다. 그녀는 매우 충실했으며 독창성을 개발시키는 동시에 다른 사람의 조언에도 기꺼이 귀를 기울였다.

또한 그녀는 충성심이 있었고 약속을 지켰다. 근면하고 겸손하고 순결하고 찬란한 사랑으로 온 성 안에 알려져 있었다. 신랑 보아스는 그녀에게 전념했다. 그는 그녀의 여성다움을 높이 존경했다. 그녀를 사랑하기 때문에 보호했고 돌보아주었다.

룻의 특성 중 당신의 삶에서 개발시키고 싶은 것은 무엇인가? 주님께 그것을 발전시켜 달라고 기도하라.

룻과 보아스 사이에는 이해를 기반으로 한 놀라운 관계가 성립되어 있었다. 그들은 서로 대화가 통했고 서로에게 어떻게 관심을 가져야 하는지 알고 있었다. 많은 결혼을 깨트리는 의사소통의 결핍은 그들을 위협하지 않았다. 상호 간의 존경과 상대방의 이익을 더 앞세우려는 욕망이 행복한 결혼을 보증했다. 그 결혼은 천국에서 이루어진 언약의 특성을 가지고 있었다.

하나님과 인간을 사랑했던 룻은 하나님의 은혜를 입었다. 그의 아들 오벳은 메시아 예수님의 가보에서 한 조상으로 선택되었다(마 1:5-16). 모든 히브리 여인이 바라던 특권이 룻에게 주어졌다. 그녀는 구세주의 가보에서 한 어머니가 되었다.

전 세계 그리스도인들은 감사하는 마음으로 룻의 공헌을 인식해야 한다. 이스라엘의 구속자 메시아는 전 세계의 구세주시다. 룻을 통해 히브리인과 그리스도인이 영원히 연합된다. 룻의 영향력은 히브리인과 그 땅에서부터 지금까지의 인류 역사에 스며들고 있다.

**HER NAME
IS WOMAN:
BELIEVERS
AND
LEARNERS**

/ 18

마리아

가장 큰 특권을 누린 여인
(눅 1:26-38, 2:6-14, 17-19, 33-35; 마 1:18-25; 요 19:25-27)

> 내 영혼이 주를 찬양하며
> 내 마음이 하나님 내 구주를 기뻐하였음은
> 그의 여종의 비천함을 돌보셨음이라.
> 보라, 이제 후로는 만세에 나를 복이 있다 일컬으리로다.
> _ 마리아(눅 1:46-48)

"나는 주의 종이오니 주님께서 원하시는 것은 무엇이든 하겠습니다"(눅 1:38 참조).

그녀는 조금 전 천사가 전해준 메시지에 완전히 사로잡혀 더듬거렸다. 그녀는 천사가 한 말을 마음속으로 새겨보았다. 마리아, 그녀가 메시아의 어머니가 된다니! 처음에는 아담에게, 그다음에는 아브라함에게 좀 더 분명하게 약속되었고, 이후 여러 선지자가 예언했던 구세주가 그녀로 말미암아 이 세상에 오시게 되었다.

그녀는 메시아의 오심을 실현했다. 모든 유대 여인은 메시아의 어머니가 되는 특권이 자기의 것이 되기를 소망했다. 그런데 이제 그때가 온 것이다. 그리고 그녀가 메시아의 어머니로 선택된 것이다. 그녀는 자신이 그렇게 되리라고는 꿈에도 생각지 못했다.

마리아의 노래(눅 1:46-55)를 읽으라.
그녀는 하나님을 어떻게 생각했는가?
자신에 대해서는 어떻게 생각했는가?

그녀는 젊고 보잘것없는 마을 태생이었다(요 1:46-47). 게다가 아직 결혼도 하지 않았는데 어떻게 아기를 낳을 수 있는가?

그녀는 약혼만 했을 뿐이었다.

그녀가 "저는 처녀이고 아직 결혼하지 않았습니다. 어떻게 그 일이 일어날 수 있습니까?"라고 물은 것은 조금도 이상한 일이 아니다(눅 1:34 참조).

천사는 "무서워 말라. 마리아여, 하나님께서 축복하시려고 너를 택하신 것이다."라는 말로 시작했다.

그런 다음 성령께서 그녀 안에서 어떻게 기적을 이루실 것인지 설명했다.

그녀의 아기는 하나님의 아들이라 불릴 것이다(눅 1:30-32).

마리아는 모세의 책과 시편과 선지자들의 기록을 통해 하나님을 알고 있었다. 하나님께서 자기 민족의 역사 가운데에서 하신 일을 알고 있었기 때문에 마음속에 주 하나님에 대한 깊은 경외심을 가지고 있었다.

그녀는 민족 전체를 위해서뿐 아니라 어떤 개인을 위해서도 하나님께서 어떤 일을 하셨는지 알고 있었다.

하나님께서 당신의 과거뿐 아니라 전 역사를 통해 하신 일을
살펴보는 것이 당신의 믿음에 어떤 영향을 주는가?
하나님이 하신 일 중
당신의 믿음을 강화시킨 구체적인 일은 무엇인가?

마리아는 하나님을 경외하는 자에게 베푸시는 그분의 은혜에 대해서 알고 있었으며, 그분은 주로 세상에서 힘이 없는 사람들을 통해 역사하신다는 것도 알고 있었다. 그녀는 자기가 아무런 지위도, 재산도 없다는 것을 잘 알고 있었다.

그것이 하나님께서 그녀를 택하신 이유였을까? 그녀가 자기로부터, 그리고 자기 안에서 아무런 세상적인 명예를 주장할 수 없었기 때문에 유용한 도구로 사용되었던 것일까?

당신은 주님께 유익한 도구인가?
세상의 영광이 하나님께 기꺼이 쓰임받을 자세를 갖는 데
어떻게 방해가 되는가?

마리아는 하나님의 가장 비천한 종이 되기 위해 자신을 기꺼이 희생하려 했다. "말씀대로 내게 이루어지이다"(눅 1:38). 그녀는 떠나는 천사를 바라보며 말했다. 이 말은 그녀 쪽에서의 완전한 복종을 나타내는 것이다. 그녀는 아무것도 망설이지 않았다.

마리아 / 213

그것은 잘못 생각한 대답이 아니었다. 그녀의 아들, 조금 전 탄생이 예고된 분도 겟세마네 동산에서 그와 똑같은 말을 하셨다. "나의 원대로 마시옵고 아버지의 원대로 하옵소서"(마 26:39). 앞으로 그녀는 자기가 한 말의 의미를 증명할 기회를 많이 가질 것이다. 하지만 그 순간에는 그 결과를 예측할 수 없었다.

여인들 중 가장 큰 특권을 받은 마리아는 애초부터 특별한 권리는 종종 희생을 동반한다는 것을 배웠다. 그녀에 앞서 모세가 그것을 경험했다(히 11:24-26). 바울은 그녀보다 뒤에 경험할 것이다(행 9:10-16).

> 세상 특권과 하나님의 특권의 차이를 생각해보라.
> 그리고 하나님의 특권에
> 희생이 깊이 결부되어 있음을 보여주는 예를 찾아보라.

그녀가 가장 먼저 희생해야 했던 것은 명예였다. 그녀는 하나님께 쓰임받기 위해 자신의 명예를 버렸다. 그것은 그녀의 약혼자인 요셉에게도 문제가 되었다. 그도 하나님과 동행하는 사람이었다. 그가 어떻게 다른 사람의 아기를 가진 소녀와 결혼할 수 있겠는가?

요셉은 마리아를 사랑했기 때문에 그녀를 공개적으로 정죄하려 하지 않았다(마 1:19). 그가 만약 그렇게 했다면 율법에 따라 마리아는 사형을 당해야 했다. 율법에는 히브리 신부가 만약 자기 남편을 속이고 결혼해서 처녀가 아님이 드러나면 돌로 쳐 죽이게 되어 있었다(신 22:20-21).

요셉은 말없이 그녀를 버리려 했다. 그가 하나님께서 그녀에게 일어난 문제를 되돌려주시기 원했을까? 만일 그렇게 된다면 그는 문제를 원래대로 되돌려 놓았을 것이다.

> 너무도 자주 우리는 스스로 재판관과 배심원의 자리에 앉는다.
> 지금 당장 사람들을 그들의 본래 자리인 하나님께로 돌려주어야 하는 구체적인 상황을 이야기해보라.

꿈속에서 주님의 천사가 요셉에게 상황의 진상을 밝혀주었다. 마리아는 이사야 선지자가 예언한 대로 약속된 메시아를 태 안에 가지고 있는 것이다(사 7:14; 마 1:20-21).

요셉도 지상에서 그 아이의 아버지가 되는 특권을 누리는 사람이 되었다. 즉 그 아이에게 예수라는 이름을 주어야 할 자가 된 것이다. 마치 그분이 자기 아들인 양 가르칠 수 있다는 것은 그에게 명예로운 일이었다. 요셉의 가정은 하나님의 아들이 이 땅에 계시는 동안 가장 편안함을 느낄 집이 될 것이다. 그곳은 이 땅에서 예수님의 유일한 가정이 될 것이다.

결국 요셉은 마리아와 결혼했다. 그는 자기에게 내려진 명예와 개인적인 행복을 포기해야 했다. 주위 사람들로부터 순결을 의심받는 여인과 결혼했을 뿐 아니라 예수님께서 탄생하실 때까지 그녀와 동침하지 말아야 했기 때문이다.

• • •

 요셉과 마리아는 예루살렘에 있는 성전 계단을 올라갔다. 그들은 아이와 함께 하나님께 드릴 비둘기 한 쌍을 가지고 갔다(눅 2:22-24). 마리아는 지난해에 일어난 사건들을 생각했다. 가브리엘 천사가 찾아온 뒤 얼마 후 그녀는 자기의 친척이자 그녀처럼 임신 중이었던 엘리사벳을 방문하기 위해 예루살렘에서 가까운 조그마한 마을에 다녀왔다.

 엘리사벳에게는 자신의 임신에 관해 한 마디도 말하지 않았는데도 그녀는 마리아를 여인 중 축복받은 자로 환영했다. 성령의 충만함을 받은 엘리사벳은 마리아를 "내 주의 어머니"라고 불렀다(눅 1:39-45).

 마리아는 자기 자신의 반응을 돌이켜보았다. 그것은 하나님께서 자기 마음속에 남기신 찬양의 노래, 하나님에 대한 찬양의 폭발이었다(눅 1:46-55).

 그녀는 장차 일어날 장엄한 일에 깊이 감동되었다. 미래의 전 세대를 통해 사람들은 그녀를 복된 자라고 부를 것이며, 그것은 그녀 자신 때문이 아니라 하나님께서 하신 일 때문이다. 하나님은 위대하시며, 거룩하시며, 전능하시다. 그녀에게는 그런 자격이 없었다. 그녀는 감사와 찬양밖에 드릴 것이 없었다. 또한 태어날 아이는 그녀에게도 구세주가 되실 것이다. 그녀는 특권을 받았다고 느꼈지만, 자신 역시 구세주가 필요한 죄인임을 깨달았다.

 출산이 가까웠을 때 가이사 아구스도가 전국에 호적 조사를 명했다. 마리아와 요셉은 호적을 하기 위해 나사렛에서 그 두 사람의 조상인 다윗 왕의 고향 베들레헴으로 긴 여행을 했다(눅 2:1-5). 그들이 예상했던 대로 여관마다 사람들이 꽉 차 있었다. 예루살렘에서 헤브론으로 가는 약대 상인들의 노정에 위치한 베들레헴은 매우 붐비는 도시였다.

그녀의 아기는 겨울에, 그것도 도시 외곽 지대에 가축들이 누워 있는 한 움막에서 태어났다. 그녀는 자기 아들이 이 땅에서의 첫날을 누울 침상도 없이 보내는 것이 슬펐다(눅 2:6-7).

그녀와 요셉 단 둘이 외롭게 있는 동안 이적이 일어났다. 밤중에 밝은 빛이, 낮보다 더 밝은 빛이 빛났다. 그리고 갑자기 천군 천사가 나타났다. "지극히 높은 곳에서는 하나님께 영광이요, 땅에서는 기뻐하심을 입은 사람들 중에 평화로다." 그들은 이 세상의 구세주이신 하나님 아들의 탄생을 선포하며 노래했다(눅 2:8-14).

―――

우리가 종종 홀로 되어 외로울 때 하나님의 역사를 가장 잘 볼 수 있다. 마리아와 요셉처럼 외로울 때 하나님의 분명한 역사를 본 적이 있는가? 그 경험이 그 시간을 바라보는 당신의 관점에 어떤 영향을 주었는가?

―――

천사들이 전하는 기쁜 소식을 받은 목자들이 말구유로 찾아왔다(눅 2:15-16). 그들은 햇빛에 얼굴이 그을린 가난한 사람들이었다. 나중에 동방으로부터 부유하고 학식 있는 사람들이 왔다. 그들은 황금과 몰약과 유향 등 값진 선물과 존경심을 가지고 긴 여행을 했다. 이렇게 그녀의 아들은 하나님에 의해 발표되었고, 부유한 자와 가난한 자 모두에게 환영을 받았다(마 2:1-12).

그녀는 할 말을 잊고 조용히 앉아 있었다. 그녀의 마음은 그 모든 소중한 상황을 마음에 두었다.

그들이 아들을 데리고 성전으로 들어갔을 때, 나이 많은 사람 하나가 가까이 와서 그들에게서 아이를 받았다(눅 2:22-28). 그 노인은 오랫동안 메시아를 기다리고 있던 경건한 사람, 시므온이었다. "주재여, 이제는 말씀하신 대로 종을 평안히 놓아주시는도다." 그들은 그가 하는 말을 듣고 매우 놀랐다. 그는 계속했다. "내 눈이 주의 구원을 보았사오니 이는 만민 앞에 예비하신 것이요, 이방을 비추는 빛이요, 주의 백성 이스라엘의 영광이니이다"(눅 2:29-32). 그 노인의 말은 성령의 인도하심을 받은 것이었다. 요셉과 마리아는 자신들이 하나님의 아들을 품에 안고 있다는 사실에 대해 조금도 의심할 수 없었다.

시므온처럼 일생을 하나님의 임재하심 가운데 보낸 나이 많은 여선지자 안나 또한 그 아기가 약속된 메시아임을 알아보았다. 그리고 예루살렘의 구속이 눈앞에 있음을 사람들에게 전하기 위해 성을 떠났다(눅 2:36-38).

시므온은 마리아에게 의미심장한 말을 했다. "보라, 이 아이는 이스라엘 중 많은 사람에게 배척을 받을 것이나 많은 사람에게 가장 큰 기쁨이 될 것이다. 사람들의 가장 깊은 마음의 생각이 드러날 것이고, 칼이 네 마음을 찌르듯 하리라"(눅 2:34-35 참조).

얼마 되지 않아 첫 번째 슬픔이 찾아왔다. 헤롯 왕은 유대의 왕으로 태어난 아기를 죽이려고, 베들레헴에 있는 두 살 이하의 남자아이를 모두 죽이라고 했다. 요셉과 그의 가족은 하나님께 미리 경고를 받았기 때문에 피신했다(마 2:13-16). 식량과 물이 거의 없는 황량한 네게브 사막을 거쳐 긴 여행을 해야 했다. 마리아는 자기 아들 때문에 많은 어린아이들이 살해당하고 있다는 사실 때문에 애굽으로 가는 이 여행이 더욱 힘들었다. 그녀는 마음속으로 무자비하게 살해되고 있는 죄 없는 아이들의 울음소리를 듣고 있었다. 어머니가 된 그녀는 그러한 아이들의 어머니가 당하는 고통을 쉽게 이해할 수 있었다. 하나님의 아들의 어머니는 큰 기쁨에 많은 눈물이 섞여 있다는 것을 조금씩 발견하고 있었다.

10년이 흘러 예루살렘은 더 붐비고 복잡했다. 전 가족이 성지에서 유월절을 기념하고, 제사로 주 하나님께 영광을 돌리려고 그곳으로 모였다(눅 2:41-51).

유월절은 이때가 되어야만 만나볼 수 있는 옛 친구들과 함께 주님께 예배드릴 수 있는 즐거운 절기였다. 많은 가족이 모이기 때문에 아이들도 굉장히 많았다.

어른들도 그동안 만나지 못했던 멀리 사는 친척들, 친구들과 함께 즐거운 시간을 보내고 있었다. 그들은 거리를 걸으며 서로 큰 소리로 이야기했다. 아이들은 모여서 춤을 추고 까불어대며 어린 참새떼처럼 조잘거렸다. 그렇게 많은 사람들 틈에서는 아이들이 말도 안 하고 어디론가 사라져 눈에 띄지 않는 일이 잦았다. 그러면 부모들은 아이들이 어딘가 다른 사람들 틈에 끼어 있겠지 생각하곤 했다.

요셉과 마리아도 바쁘고 피곤한 하루가 끝나고 집을 향해 갈 때야 비로소 예수님께서 그들과 함께 있지 않다는 것을 발견했다. 그는 아무 곳에도 없었다. 결국 무거운 마음으로 예수님을 찾기 위해 다시 예루살렘으로 돌아갔다.

모든 곳을 다 찾아다녔지만 허사였다. 사흘을 찾아다닌 끝에 드디어 성전에 계신 것을 발견했다. 놀랍게도 어린 예수님은 학식 높은 랍비들 사이에 앉아 있었다. 그들의 말을 듣고만 있는 것이 아니라 그들에게 질문도 했다. 총명과 지혜와 적절한 답변으로 그들을 깜짝 놀라게 했다.

마리아는 화가 나서 예수님을 나무랐다. "아이야, 어찌하여 우리에게 이렇게 하였느냐? 보라, 네 아버지와 내가 근심하여 너를 찾았노라." 그러나 예수님의 대답은 부드러우면서도 분명하고 거리낌이 없었다. "어찌하여 나를 찾으셨나이까? 내가 내 아버지 집에 있어야 될 줄을 알지 못하셨나이까?"(눅 2:48-49)

나의 아버지라니? 요셉은 예수의 어머니와 함께 줄곧 예수님을 찾아다니지 않았던가. 마리아는 예수님이 하나님 아버지에 대해 이야기하고 있음을 이해했을까?

예수님은 그들로부터 멀리 떨어져 자라기 시작하셨다. 예수님은 그분의 진정한 목적지를 향해 생의 여정을 시작하셨다. 그날 예수님은 그들의 잃어버린 아들이 되었던 반면, 또한 잃어버린 세계의 구속자, 하나님의 아들이기도 하셨던 것이다. 예수님과 그 가족의 유대는 조금씩 느슨해지기 시작했다.

이 경험으로 마리아는 시므온의 말을 떠올렸을까? 이 사건이 자기 마음을 칼로 찌르는 듯한 최초의 고통임을 깨달았을까?

그들이 나사렛으로 돌아왔을 땐 아무것도 달라진 것이 없었다. 예수님은 전처럼 그들에게 순종했다. 그러나 마리아의 마음속에는 변화가 있었다. 그녀는 이 일을 기억하고 있었다. 그리고 다른 사건들과 함께 마음속에 남겨 두었다. 그녀는 어머니로서의 욕망을 하나님의 뜻에 복종시킬 준비를 시작했다.

―

하나님께서 그분의 뜻에 복종시키기 원하시는 당신의 욕망은 무엇인가? 그렇게 되기 위해 무엇을 해야 하는가?

―

예수님이 어른으로 자라가면서 가족과 함께 보낸 세월은 좋았다. 그동안 예수님에 대한 어머니의 영향도 컸다. "예수는 지혜와 키가 자라며 하나님과 사람에게 더욱 사랑스러워 가시더라"(눅 2:52).

어린아이로서 완전했던 하나님의 아들 예수님은 자연스럽게 어른으로 성장해갔다. 하나님께서 어떻게 이 땅에서 마리아의 영향을 받도록 자신을 복종시켰는가 하는 것은 하나의 신성한 불가사의다.

예수님은 부유하거나 사회적으로 특권층인 가정에서 성장하시지 않았다. 그러나 예수님의 영적 분위기는 부러워할 만했다. 그분의 부모는 하나님과 동행했으며 서로 존경했다. 특히 마리아의 생각은 하나님으로 가득 차 있었다.

사람의 생각은 그 사람의 행동을 좌우한다. 요셉과 마리아는 그 원리를 따라 그들의 가정을 만들고 자녀들의 교육을 하나님의 생각과 일치시키려고 노력했다. 나사렛에 있는 그 작은 가정은 화목했다. 그

가정에는 참된 겸손과 자연스러운 경건이 깃들어 있었다. 자녀들을 부모에게 순종하도록 만든 것은 그러한 정신이었다. 예수님이 성경 말씀을 만난 것은 요셉과 마리아의 가정에서였다. 하나님의 말씀을 사모하는 그의 어머니는 아들에게 본보기가 되었다.

당신 삶의 분위기 및 생각이 당신의 행동을 결정하는가?
어떻게 하면 당신의 가정 분위기와 대인관계가
하나님의 생각과 더 일치하게 할 수 있는가?

이후 18년 동안 예수님은 그 부모의 가정에서 살았다. 예수님 말고도 많은 아이들이 태어났다. 야고보, 요셉, 시몬, 유다 등 다른 아들과 딸들이 있었다(마 13:55-56). 요셉이 그 시기에 죽었기 때문에 예수님은 맏아들로서 어머니와 가족 문제를 함께 나누었고 가족의 생계에 책임을 지고 있었던 듯하다. 사람들은 예수님을 더 이상 목수의 아들이라고 부르지 않았다. 예수님이 바로 목수였다(막 6:3).

예수님이 30세가 되었을 때 모든 것이 달라졌다. 마리아는 예수님과 함께 갈릴리 외곽 지대의 비스듬한 언덕 위에 있는 나사렛 근교의 작은 마을인 가나의 혼인잔치에서 그것을 분명히 알았다(요 2:1-11). 그녀는 주인이 포도주가 떨어져 당황하는 것을 알아차렸다. 그래서 그 문제를 자기 맏아들에게 연결시키려 했다. 그 일로 그녀는 고통스러운 사실을 발견했다. 그녀의 아들은 달라진 것처럼 보였다. 그는 그녀가 아주 잘 알고 있는 순종하는 아들처럼 행동하지 않았다.

"여자여, 나와 무슨 상관이 있나이까?"(요 2:4)

마리아를 "여자"라고 부른 것은 존경심이 없다거나 불친절한 표시는 아니었다. 히브리 여인들은 그렇게 불리곤 했다. 하지만 그것은 예수님과 어머니 사이에 있는 분명한 거리감을 나타냈다. '전에도 그가 나를 그런 태도로 대했었나?' 그녀는 생각해보았다. 그리고 성전에서 있었던 일을 기억했다. 그때 예수님은 그녀의 아들이었지만, 그녀의 명령 하나하나에 모두 순종할 수 없음을 지금과 똑같은 태도로 나타냈었다. 예수님께는 따라야 할 더 높은 명령이 있었다.

마리아는 까다로운 사람이 아니었다. 혹 마음이 불편했을지라도 그것을 나타내지 않았을 것이다. "너희에게 무슨 말씀을 하시든지 그대로 하라"(요 2:5). 그녀는 그가 하나님이시며 이적을 행하실 수 있음을 알고 하인들에게 그렇게 말했다.

그녀는 기꺼이 보조자의 위치에 있는 듯 보였다. 그녀는 이미 예수께서 언젠가 하나님을 섬기는 일에 가장 우선권을 두어야 한다고 가르치실 것을 이해했던 것일까?(마 23:11-12)

―

우리가 기꺼이 두 번째 자리에 앉으려는 자세는 믿음의 열매다.
당신과 하나님의 관계가 성장하면서
이렇게 마음이 변하는 것을 경험했는가?
그것이 어떤 방식으로 이루어졌는가?
그렇지 않다면 무엇이 그렇게 하는 것을 막는가?

―

사역이 시작되자 예수님은 영구히 마리아를 떠났다. 그때부터 예수님은 마리아의 아들이 아니라 전국을 두루 다니시며 말씀을 전하기 시작한 나사렛 예수였으며, 하나님의 아들로 두루 다니며 선을 행하셨다.

마리아는 뒤로 물러나는 것을 배웠지만 고통이 없지는 않았다. 그녀는 점점 더 자기 삶에서 날카로운 칼로 찌르는 듯한 아픔을 경험했지만 그러한 슬픔까지도 하나님의 은혜에 묶여 있음을 깨달았다. 그녀에게 남아 있는 일이란 계속해서 자신을 하나님께서 쓰실 수 있도록 만드는 것이었다.

예수께서 병든 자를 고치고 복음을 전파하면서 전역을 다니실 때 그분에 대한 마리아의 믿음이 성장할 기회를 만났다. 그녀의 다른 아들들이 예수님을 믿지 않는 것(요 7:3-5)과 나사렛 사람들이 예수님을 받아들이지 않는(눅 4:16-30) 사실은 그녀에게 분명 고통스러운 일이었다. 예수님은 그녀와 그녀의 아들들이 예수님과 이야기하려고 할 때 고통스럽게도 그 사실을 분명히 하셨다.

누군가 그분에게 "보소서. 당신의 어머니와 동생들이 당신께 말하려고 밖에 서 있나이다."라고 말했을 때 "누가 내 어머니이며 내 동생들이냐?"라고 답변하셨다. 그리고 나서 제자들을 향해 이렇게 덧붙이셨다. "나의 어머니와 나의 동생들을 보라. 누구든지 하늘에 계신 내 아버지의 뜻대로 하는 자가 내 형제요, 자매요, 어머니이니라"(마 12:46-50).

예수님과 매일 함께 지내며 따르는 사람들이 그녀와 동등해졌다.

더 이상 혈연관계로 유지되는 것이 아니라 하나님에 대한 믿음을 나눈 관계가 맺어졌다.

당신의 대인관계를 특징짓는 요소는 무엇인가?
혈연인가, 믿음인가, 공통 관심사인가? 정직하게 평가해보라.
만일 공유된 믿음이라는 띠가 가장 깊은 관계를 특징짓지 않는다면
왜 그렇다고 생각하는가?

그녀의 아들이 범죄자처럼 매달려 있는 십자가 밑에 섰을 때, 그 칼은 가장 날카롭게 그녀의 마음을 찔렀다(요 19:25). 여기서 마리아의 고통은 절정에 이르렀다. 그녀는 그것을 무시하거나 쉽게 만들려고 애쓰지 않았다. 예수님과 같이 그녀도 고난의 쓴 잔을 마지막 한 방울까지 마셨다. 그녀는 예수님의 마지막 움직임까지 지켜보았다. 예수님의 고통을 보았으며, 예수님이 조롱당하고 비웃음받는 소리를 들었다.

해가 쨍쨍 내리쬐는 가운데 시간은 서서히 흘렀고, 가장 사랑하는 아들은 아무도 견딜 수 없는 고난을 겪고 있었다.

마리아는 십자가 밑에 서서 예수님과 함께 고난을 당했다. 그것은 모성애의 일부였다. "말씀대로 내게 이루어지이다"(눅 1:38). 이 말이 그녀의 마음속에서 메아리치고 있었다. 오직 자기 자신이 완전히 주님께 쓰이기 원하는 마음으로 참아냈다. 그녀가 어떻게 느끼는지는 이차적인 문제였다.

우리 자신을 온전히 주님께 드리는 일은 어렵고 또 두려운 일일 수 있다.
하나님의 감정과 소원을
당신의 것보다 앞에 두지 못하는 이유는 무엇인가?

예수님은 마리아를 보셨다. 그리고 죽음의 고통 중에도 그녀를 돌보는 일을 잊지 않으셨다. "여자여 보소서, 아들이니이다." 그녀는 예수께서 하시는 말씀을 들었다. 그런 다음 예수님은 이 땅에서 가장 사랑하던 자(요 13:23), 요한에게 말씀하셨다. "보라, 네 어머니라"(요 19:26-27).

예수님은 요한이 어머니를 잘 돌보게 해놓으시고 지상을 떠나셨다. 이 땅에서 예수님과 가장 가까웠던 남자와 여자는 예수께서 가신 뒤 서로 가장 잘 이해하고 도울 수 있었을 것이다. 그때부터 마리아는 요한의 집에 살았다.

십자가 밑이 마리아가 성경에서 마지막으로 등장하는 곳은 아니다. 그녀는 그리스도께서 승천하신 뒤 다른 여인들과 그녀의 다른 아들들, 그리고 예수님의 제자들과 함께 다시 등장한다. 예루살렘에 있는 다락방에서 마리아는 다른 사람들처럼 한마음으로 기도에만 힘썼다(행 1:9-14).

자기 아들을 잃어버렸지만 그녀는 자기의 개인적인 손실에 집착하지 않고 예수님에 대한 자신의 사명을 받아들였다.

모든 여인 중 가장 복되고 큰 특권을 부여받았던, 그리고 그 이름이 가장 크게 영광 받았던 여인 마리아는 새롭게 하나님께 헌신했다. 다시 한 번 그녀는 아무 주장도 하지 않았다. 눈에 띄지 않게 그녀는 다른 사람들 사이에 자리 잡고 있었다. 개인적인 관심을 초월해서 하나님의 영광을 위해 전적으로 헌신할 수 있음을 알고 있었다.

그 결과 마리아는 점점 더 성숙한 여인이 되었다. 지난 30년 동안 그녀는 미지의 행복 그 정상에 도달해 있었다. 동시에 다른 여인이 결코 경험해보지 못했고 당해보지도 못한 마음의 깊은 슬픔을 경험했다. 그러나 하나님에 대한 그녀의 태도는 변함이 없었다. 그녀는 메시아의 잉태를 알릴 때 스스로 말한 그대로 행하였다는 것을 자기 삶으로 증명했다.

"주의 여종이오니 말씀대로 내게 이루어지이다"(눅 1:38).

마리아는 상황에 관계없이 하나님의 선하심을 믿고
그분의 뜻을 신뢰했다.
반면 우리는 너무도 자주 하나님에 대한 우리의 생각을
상황에 따라 결정한다.
당신이 상황에 관계없이 하나님의 성품과 약속을
굳게 붙들도록 도와줄 성경구절은 무엇인가?

HER NAME IS WOMAN: BELIEVERS AND LEARNERS

19

엘리사벳

강한 성품을 가진 여인
(눅 1:5-20, 24-25, 39-45)

누가 현숙한 여인을 찾아 얻겠느냐?
그의 값은 진주보다 더하니라.
_ 르무엘 왕의 어머니(잠 31:10)

    엘리사벳은 탁월한 여인이었다. 그리고 제사장의 아내였다. 제사장은 오직 도덕적으로 그 행실이 흠 없는 경건한 여자와만 결혼할 수 있었다(레 21:1-7).

    그러지 않으면 아내들이 남편의 거룩한 사역을 더럽히기 때문이다. 따라서 엘리사벳은 경건한 여인이었다.

    그녀는 제사장의 아내였을 뿐 아니라 뛰어난 아론 지파의 후손이었다(눅 1:5). 엘리사벳이라는 이름도 아론의 아내인 엘리세바(Elisheba)와 같은 어원에서 따온 이름이었다(출 6:23).

    성경은 그 두 사람이 모두 의인이며 주의 모든 계명과 규례대로 흠 없이 행했다고 강조하고 있다(눅 1:6). 즉 그녀에 대해 나쁘게 말하는 사람은 아무도 없었다.

그녀는 단순히 경건한 남편의 영적 각성을 따르기만 한 것이 아니라 독립적으로 영적인 삶을 살았으며, 하나님과의 개인적인 관계로 인해 존경을 받았다.

> 종종 친구나 가족에게 영적인 도움을 받으려 하기 쉽다.
> 당신은 독립적으로 영적인 삶을 사는가,
> 아니면 다른 사람들을 의지하여
> 그들이 영적인 일을 이끌어가게 하는가?

엘리사벳은 율법의 문자대로 살았을 뿐 아니라 율법의 정신으로 하나님을 섬겼다. 그 모든 것에 비추어볼 때 그녀의 무자함은 수수께끼였고 고통이었다.

하와 이후로 이 세상에 자녀를 낳은 모든 유대 어머니처럼 그녀도 메시아의 어머니가 되기를 바랐다. 그렇지만 그녀는 자녀의 축복을 받지 못한 다른 여인들처럼 수치를 겪었다.

그녀는 종종 스스로에게 고통스러운 질문을 했다. '내가 무슨 잘못을 저질렀을까? 왜 하나님께서는 내게 자비를 베풀지 않으실까? 왜 축복해주시지 않을까?'

어느덧 그녀는 늙었고, 그렇게 바라던 자녀는 갖지 못했다. 그 나이에도 여전히 기대하고 있었을까? 아니면 자기의 기도가 주님을 기쁘시게 하지 못했고 자녀를 갖지 못할 거라 생각하며 포기하고 있었을까?

당신은 늘 기도 응답을 기대하는가?
하나님이 침묵하시는 것 같을 때
낙심하지 않게 하는 성경말씀은 무엇인가?

그녀는 오랫동안 자녀가 없었던 사라와 리브가와 한나의 생애를 통해 용기를 얻었을까? 오랫동안 기다렸다가 드디어 위대한 아들을 갖게 된 여인들, 즉 이삭과 야곱과 사무엘의 어머니들뿐 아니라 엘리사벳에게도 생은 경이감으로 가득 차 있었다.

그녀의 남편은 주님의 집을 섬기는 제사장이었다(대상 24:6-19). 6개월의 직무 기간 중 그녀의 남편 사가랴는 성소에 들어가 분향할 기회를 얻게 되었다. 그것은 제사장이 자기 일생 동안 단 한 번이라도 얻기를 소망하는 큰 영광이었다. 많은 사람이 그런 기회를 얻지 못했다. 사가랴가 분향을 드리던 날, 그와 엘리사벳의 삶에 새로운 국면이 열렸다. 종종 아무런 기도 응답이 없어서 하늘이 마치 놋쇠로 만들어진 것처럼 보일 때, 모든 일이 동시에 일어난다.

하나님의 특별한 사자인 가브리엘이 제사장 앞에 서서 말했다. "사가랴여, 무서워하지 말라. 너의 간구함이 들린지라. 네 아내 엘리사벳이 네게 아들을 낳아주리니 그 이름을 요한이라 하라"(눅 1:13).

긴 기다림이 보상을 받기 시작했다. 사가랴와 엘리사벳은 아들을 가질 것이다. 하나님께서는 그들의 수치감을 제거하려 하시는 중이다. 새로운 삶이 그들의 조용한 가정으로 들어오고 있었다. 그 조용

엘리사벳 / 231

함은 어린아이의 콩콩거리는 발자국 소리와 드높은 웃음소리로 깨어질 것이다. 그러나 하나님께서는 더 기쁜 소식을 가지고 계셨다.

그것은 바로 새로운 미래가 전 유대 민족에게 밝아온다는 것이다! 그들의 아들은 다른 아이들과 같지 않을 것이다. 그는 자기 백성들이 하나님께로 돌아오도록 도와주는, 하나님께 헌신한 자가 될 것이다(눅 1:14-16). 예수님은 여자가 낳은 자 중에 그보다 더 큰 이가 없다고 말씀하실 것이다(마 11:11).

수평선은 넓어지고 비전도 커졌다. 요한의 탄생과 함께 올 축복은 자기 자신의 나라와 백성이라는 좁은 경계선을 넘어 전 세계에 미칠 것이다. 그는 오실 메시아를 위해 길을 예비하는 자가 될 것이다. 또한 도래할 왕국의 전령이 될 것이다.

"사가랴여, 그대의 기도가 정녕 응답되었다. 자녀에 대한 기도뿐 아니라 메시아에 관한 기도도 응답되었도다." 어떻게 인간이 단번에 이와 같이 큰 행복을 지닐 수 있는가.

에베소서 3장 20-21절을 읽으라.
하나님께서 당신이 상상하는 것 이상으로
기도에 응답하신 적이 있는가?
그때 당신은 어떻게 반응했는가?

사가랴는 도무지 확신이 들지 않았다. 그래서 표적을 구했고, 하나님은 그에게 응답해주셨다. 만 9개월 동안 그는 한 마디도 할 수 없

었다(눅 1:18-20). 하고 싶은 말은 모두 글로 적어야 했다.

그러나 엘리사벳은 자기 남편처럼 하나님으로부터 직접 받지 못했는데도 그 엄청난 약속을 믿는 데 아무런 문제가 없었다. 남편이 그러한 내용을 서판에 적었을 때, 그녀는 평범하게 받아들였다.

엘리사벳은 하나님의 음성을 들을 수 있을 만큼 그분과 친밀하게 동행했을까? 아니면 좀 더 큰 믿음으로 그러한 반응을 보인 것일까? 성경은 그것을 말해주지 않는다.

―

당신이 엘리사벳이었다면 믿음으로 반응할 수 있었겠는가?
그녀의 반응이 오래전 비슷한 상황에 처했던
사라의 반응과 달랐던 이유는 무엇인가?

―

서구 사회에서는 아이의 이름을 특별한 친구의 이름이나 발음을 따라 짓지만 엘리사벳이 살던 사회는 그러지 않았다. 요한의 이름은 "하나님은 은혜로우시다!"라는 소리와 같았다. 하나님께서 요한에게 친히 그 이름을 주셨다. 아무도 그에게 더 아름다운 이름을 줄 수 없었다.

엘리사벳은 자기 몸속에서 이적이 일어나는 동안 그러한 일들을 생각하고 있었다. 그녀는 다섯 달 동안 숨어 있었다. 변화되어 가는 자기 몸에 대해 질문하는 주위 사람들이 거북해서였을까? 그럴지도 모른다.

그러나 가장 큰 이유는 하나님이었다. 그녀는 현재 자신에게 일어나고 있는 이적에 감탄하고 있었다. 하나님께서 그 어떤 불가능 속에서도 구체화시키실 수 있다는 것을 다시 한 번 증명하셨을 뿐 아니라 끝없는 충실함을 보이셨기 때문이다.

하나님께서 축복의 손길을 내리실 때,
당신은 그 안에서 하나님의 임재를 묵상하며
감사하는 마음을 키우는가?
분주한 상황에서 벗어나 하나님의 축복을 묵상하는 시간을 가지려면
무엇을 해야 하는가?

징계처럼 보이던 것이 이제는 축복이 되었다. 하나님께서는 그녀와 사가랴를 위해 매우 특별한 아들을 예비하셨지만, 그들은 하나님의 때를 기다려야 했다. 하나님의 때는 주 예수의 탄생이 가까워지기 전에는 올 수 없었다. 그녀는 예외적인 아이, 역사상 독특한 위치를 차지하게 될 아이를 낳을 것이다. 그녀는 참으로 축복을 받았다.

하나님의 때를 기다리던 시간을 생각해보라.
그 시간에 하나님에 대해 무엇을 배웠는가?
당신의 믿음은 어떻게 성장했는가?

그녀의 인내심은 크게 시험을 받았고, 또한 이례적인 보상을 받았다. 엘리사벳이 그 소식에 대해 자기 남편보다 더 영적인 반응을 보

임으로써 자기를 높였다는 증거는 없다. 그녀는 남편을 깔보지 않았고, 자신을 높이기 위해 그를 격하시키지도 않았다. 오히려 그녀는 자기 인생의 반려자가 갖고 있는 연약함을 받아들이는 훌륭한 아내의 모습을 보였다.

엘리사벳은 뛰어난 배경을 가졌을 뿐 아니라 뛰어나고 독립적인 성품을 가지고 있었다. 그들의 아들이 태어났을 때 친척과 이웃 사람들은 전통에 따라 그 아이에게 아버지의 이름을 지어주라고 했다.

하지만 엘리사벳은 그것을 거절했다(눅 1:57-60). 그녀는 압력에 순응하지 않고, 자기 남편과 하나님께 충실했다. 그러면서 단호하고 강력하게 말했다. "그의 이름을 요한이라 할 것입니다."

그녀의 삶은 겸손과 겸양 같은 미덕이 나타난다. 그런 미덕은 임신 중에 예기치 않게 그녀의 친척 마리아가 찾아왔을 때 뚜렷이 드러났다(눅 1:39-40). 적대감이라는 말은 엘리사벳에게서 조금도 찾아볼 수 없었다(고전 10:24).

마리아가 자기보다 더 낫다는 것을 인식한 그녀는 자신에 대해 이야기하기보다 마리아에게로 모든 관심을 기울였다. 그것은 나이 많은 여인과 젊은 여인과의 만남이 아니라 요한(길을 예비하는 자)의 어머니와 틀림없이 길이 예비되어 있는 임마누엘, 메시아의 어머니와의 만남이었다.

엘리사벳은 사람들이 부러워할 만한 겸손과 겸양으로 그것을 인정했다. 그녀는 조금도 질투하지 않았다. 자기보다 훨씬 더 젊은 여인에게 "내 주의 어머니", "여자 중에 복이 있다"고 말했다(눅 1:42-43).

그것은 그녀 안에 계신 성령의 역사였다. 바울이 나중에 열거한 성령의 아홉 가지 열매(갈 5:22-23)가 이미 그녀에게 나타나 있었다. 마리아가 자기의 큰 행복을 나누기도 전에 엘리사벳은 어떤 일이 일어나고 있는지 알고 있었다. 엘리사벳은 아직 태어나지도 않은 아기를 보고 그를 자기의 주님으로 경배했다. 아직 태어나지 않은 또 하나의 아기(그녀의 태중에 있는)가 마치 자기의 주인, 훗날 자기가 겸손하게 섬기게 될 분을 환영하는 듯 기뻐하며 뛰놀았다(요 3:30).

> 엘리사벳의 삶을 갈라디아서 5장 22-23절에 비추어보라.
> 그녀에게 어떤 성령의 열매가 있는가?
> (빌 2:3-4; 고전 10:24 참조)
> 그 열매를 보여주는 구체적인 행동이나 말을 이야기해보라.

그 순간 자녀가 없어서 수치를 당했던 여인은 선지자가 되었다. 그녀는 "믿은 여자에게 복이 있도다. 주께서 하신 말씀이 반드시 이루어지리라"고 말했다(눅 1:45).

역사가 기록하는 그 여인들은 3개월 동안 함께 살았다(눅 1:56). 그들은 많이 이야기하고 많이 웃었지만 마음속 가장 깊은 곳에는 하나님께서 하시고자 하는 일을 품었다. 누가는 그것을 매우 분명히 한다. 유대에서 그들 근처에 살고 있던 사람들 모두가 요한과 그의 부모에 대해 이야기한 것은 기이한 일이 아니다. 어떤 일이 일어나고 있는지 느낀 사람들은 이렇게 말했다. "저 아이를 보라. 그가 장차 어떤 사람이 될지 기다려보자. 하나님의 손길이 특별한 방법으로 그에게 임하고 있다"(눅 1:65-66 참조).

새로운 기대가 생겼다. 사람들은 하나님께서 하시려는 일을 기대하기 시작했다. 그들은 장차 일어날 큰일들을 예비했다. 오실 이는 메시아 예수님이시기 때문이다. 그 모든 것을 위해 하나님께서는 믿음과 뛰어난 성품을 가진 여인, 엘리사벳을 사용하셨다. 그녀가 탁월했던 이유는 하나님으로 가득 차 있었기 때문이다. 하나님께서는 놀라운 일을 이루시기 위해 그러한 여인을 사용하신다.

하나님의 큰일에 어떤 기대를 하고 있는가?
하나님께서 그 일에 당신을 어떻게 사용하실 것 같은가?

HER NAME IS WOMAN: BELIEVERS AND LEARNERS

20 안나

상심했지만 꺾이지 않은 여인
(렘 49:11; 시 147:3; 눅 2:22-27, 36-38)

> 안나는 비통해하며 자신을 하나님께 내어 맡겼다.
> 재난을 당한 자들,
> 특히 과부들은 하나님과 함께 있는 것 이상으로
> 자기의 상처를 치료해주는 것은
> 아무것도 없다는 사실을 알고 있다.
> _ 유지니아 프라이스(Eugenia Price)

사람이 상심 때문에 죽을 수 있을까?

많은 홀아비들을 상대로 연구해온 영국 의사들은 그들 중 많은 사람이 아내가 죽은 시 6개월 이내에 죽는다는 사실을 발견했다(그 중 50%는 심장마비로 죽었다).

선지자 안나의 생애는 소망이 없었다. 지금도 중동 어느 지역에서는 남편이 죽으면 과부들을 그 무덤 속으로 던진다고 한다. 안나가 살던 시대에도 자녀 없이 남편이 죽으면 그 여인은 자기 친정집에 가서 두 번째 남편이나 죽음을 기다려야 했다.

안나의 행복한 결혼생활은 7년밖에 지속되지 않았다(눅 2:36). 성경 주석가들은 안나가 60년 이상 과부로 지냈다고 말한다. 그녀는 갈릴리의 아셀 지파에서 나온 여선지자였다. "갈릴리에서 선지자가 나올 수 없다"고 할 만큼 그 지파는 보잘것없었다(요 7:52).

> 당신의 배경이나 직장, 대인관계가 초라하게 느껴진 적이 있는가?
> 안나의 이야기가 당신에게 어떤 격려를 주는가?

당시 선지자는 보통 남자들이었다. 여자 선지자는 드물었다. 성경에 나오는 이름이 몇 사람 되지 않는다. 구약의 미리암, 드보라, 훌다, 노아댜, 그리고 신약에서는 빌립의 네 딸이 있을 뿐이다(출 15:20; 삿 4:4; 왕하 22:14; 느 6:14; 행 21:8-9).

안나는 구약과 신약 중간에 서 있다. 선지자가 된다는 것은 명예스러운 일이었다. 남자 선지자들 못지않게 사람들에게 하나님의 말씀을 전하는 여인은 특별한 권한을 부여받은 것이었다. 안나는 선발된 무리에 속해 있었다.

> 성경은 안나와 하나님의 관계를 어떻게 설명하는가?
> 그것에 대해 어떤 결론을 내릴 수 있는가?

관계적인 외로움은 여러 가지 형태로 나타난다. 어떤 여성들은 주변 사람 중에서 배우자가 될 사람을 찾고 그와 가족을 이루면 자신의 삶이 달라질 거라 기대한다. 남편과 사별했거나 이혼한 여성들은 자기 삶에 큰 구멍이 생긴 것처럼 느낀다. 또 어떤 여성들은 배우자가 있음에도 불구하고 남편과 거리를 느끼거나 동떨어진 느낌을 받으며 외로워한다. 어떤 경우든 관계적인 결핍에 직면할 때 사람들은 삶을 마감하고 싶은 유혹을 받을 수 있다.

그러나 안나는 완전히 다른 견해를 취했다. 그녀는 일생에 큰 타격을 받은 뒤에도 고립되거나 자기 비애에 빠지지 않았다. 친척들의 짐이 되지도 않았다. 그녀는 아무것도 제시할 것 없는 삶을 사는 외로운 여인이 되지 않았으며, 모든 사람이 동정하는 사람이 되지도 않았고, 어떻게 도와야 할지 모르는 사람이 되지도 않았다.

또한 그녀는 과거로 도피하지도 않았다. 그것은 과부들이 직면하는 가장 큰 위험 중 하나다. 안나처럼 인생의 반려자를 잃어버린 사람들만이 그것이 영적 생활에 얼마나 심각한 위협이 되는지 안다.

결혼한 부부의 연합이 깨질 때, 남는 것은 둘에서 떨어져 나온 한 사람이다. 비교적 짧은 결혼생활이라 할지라도 뒤에 남아 있는 사람은 결코 결혼 전과 같아질 수 없다. 그는 영원히 두 사람의 반쪽으로 남게 된다.

안나는 단지 하나님께서 자신을 데려가기 위해 취하시지는 않는다는 생각으로 위로를 받았을까? 하나님이 자신에게서 가져가신 것 대신 하나님 자신을 주실 것이라고 기대했을까?

아마도 그랬을 것이다. 사람이 그러한 태도를 가지려면 용기와 선견지명이 있어야 한다. 예수님께서는 제자들에게 누구든지 쟁기를 잡고 뒤를 돌아보는 자는 하나님 나라에 합당하지 않다고 말씀하셨다(눅 9:62).

하나님께서 당신의 상실 대신 어떻게 그분 자신을 주셨는가?

안나는 과거를 돌아보지도 미래를 꿈꾸지도 않고 하나님께로 달려갔다. 그녀는 하나님의 성전에서 하나님을 섬기기 위해 자신의 삶을 드렸다. 그곳에서 기도하고 금식했다. 자신보다 하나님께 더 많은 관심을 기울이며 하나님의 일을 가장 우선시했다.

과거를 버려둘 때, 진정한 행복을 추억에만 의존하지 않을 때, 현재와 미래를 하나님과 함께 직면할 때, 초자연적인 평안이 그녀의 마음속으로 물밀 듯 밀려들었다. 그녀는 더 이상 남편을 잃어버린 자의 위치에 있지 않았다. 위로해주는 자의 위치에 서 있었다. 그녀 자신이 하나님께 위로를 받았기에, 어려움과 슬픔 가운데 있는 사람들을 위로해줄 수 있었다(고후 1:3-4).

당신이 싱글이거나, 배우자를 잃었거나,
부부관계가 소원하여 고독감으로 괴로워할 때,
하나님께서 어떻게 위로해주셨는가?
하나님이 주신 위로에 대한 화답으로
다른 사람을 위로하는 사역을 생각해본 적이 있는가?
만일 하나님이 당신에게 위로를 주시지 않은 것 같다면,
그의 위로를 가로막는 어떤 것을 의지하고 있지 않은지 생각해보라.

안나는 낮뿐 아니라 밤에도 하나님의 일에 몰두했다(눅 2:37). 그 모든 활동에도 불구하고 그녀는 사람들을 분별하는 통찰력을 잃지 않았다. 하나님과의 진정한 동행은 내성적인 것이 아니라 외향적이다. 그것은 남을 행복하게 해주기 원한다.

키르케고르(Søren Kierkegaard)는 이렇게 말했다. "행복의 문은 바깥으로 … 다른 사람에게로 열려 있다."

안나가 살았던 시대는 어둡고, 우울했으며, 소망이 없었다. 사람들의 문제는 더 이상 견딜 수 없을 만큼 커져 있었다. 그래서 많은 사람들이 의식적으로, 무의식적으로 오직 하나님으로부터 오는 구원, 즉 메시아의 오심을 바라고 있었다.

당신 주변에 고통에 짓눌린 사람이 있는가?
어떻게 하면 하나님의 구원을 그들과 나눌 수 있는가?

드디어 그 위대한 날이 임했다. 예수께서 탄생하셨다. 요셉과 마리아가 그들의 첫아기를 율법대로 하나님께 드리려고 성전에 데리고 갔을 때, 그들은 메시아가 오시기 전에는 자기가 죽지 않으리라는 것을 알고 있었던(눅 2:26) 경건한 사람 시므온뿐 아니라 안나도 만났다. 오랫동안 안나를 신실하게 돌보아주신 하나님께서는 그녀가 그 성스러운 순간을 놓치지 않게 하셨다. 과부고 나이도 많다는 배경 때문에 인생에서 아무 기회도 갖지 못한 평범한 여인이 그 순간 이 세상에서 가장 놀라운 특권을 부여받은 여인이 되었다.

그녀는 시므온과 함께 아기 예수님을 보고 그에게 경배하도록 허락되었다. 그것은 그녀의 생에 면류관이 씌워지는 순간이었으며, 오랜 세월 동안의 기도가 응답되는 순간이었다.

또한 그것은 전 세기 중 가장 위대한 순간이었으며 세상 사람들이 그토록 초조하게 기다렸던 순간, 메시아가 오신 순간이었다.

안나는 자연스럽게 두 가지 일을 했다.

첫째, 그녀는 시므온과 함께 오랫동안 기대했던 자기 민족과 세상 사람들, 그리고 자기 자신의 구속자로 인해 하나님을 찬양하고 경배했다.

둘째, 그녀는 이 기쁜 소식을 자기만 알고 있을 수 없다고 결정했다. 누군가 이렇게 말했다. "전도란 주 예수 그리스도를 잘 보고 나서 그것을 다른 사람들에게 이야기하는 것이다." 이것이 바로 안나가 취한 행동이었다.

―

예수님에 대한 기쁜 소식을 간직하고 있는가?
이 소식이 당신의 삶에 넘쳐흐른다면
어떤 모습이 될까?

―

이것은 그녀가 사람들을 얼마나 잘 파악하고 있었는지 증명해준다. 그녀는 예루살렘에 있는 모든 사람이 구세주를 기다리고 있다는 사실을 알고 있었다. 때문에 그녀는 그 사람들에게 자기가 본 바를 이야기했다.

그렇게 예수 그리스도를 선포한 사람은 말에 능하고 정력이 넘치는 젊은이가 아니라 나이 많은 여인이었다. 그녀는 시편 기자가 여호와에 대해 기록한 바를 경험했다. "여호와께서 … 상심한 자들을 고치시며 그들의 상처를 싸매시는도다"(시 147:2-3).

**HER NAME
IS WOMAN:
BELIEVERS
AND
LEARNERS**

21

가난한 과부

믿음으로 재물을 다룬 여인
(막 12:41-44; 고후 9:6-8)

> 나는 그리스도의 왕국과 관련된 것 외에
> 그 어느 것에도 소유의 가치를 두지 않을 것이다.
> 만약 내가 가진 어떤 것이 그리스도의 왕국에 보탬이 된다면,
> 내가 영원토록 나의 모든 소망을 걸고 있는 분의 영광을 위해
> 그것을 내어놓기도 하고 가지고 있기도 할 것이다.
> _ 데이비드 리빙스턴(David Livingstone)

예루살렘이 붐볐다. 모든 유대인이 몰려들었다. 유월절이 가까워진 까닭에 경건한 유대인들이 거룩한 도시에서 명절을 보내려 했다(막 14:1). 집에서는 여인들이 분주하게 유월절 식사를 준비했다. 큰 잔치를 위해 떡을 굽고 음식을 차릴 많은 양의 식료품을 사들였다.

그러나 한 여인은 그 축제에 끼지 않았다. 그녀는 돈이 많지 않았기 때문에 그것을 지혜롭게 써야 했다. 그래서 식료품을 사는 데에는 쓰지 않았다. 그녀는 자기가 가진 것으로 무엇을 해야 하는지 정확히 알고 있었다. 그녀는 성전으로 곧장 걸어가서 조금도 주저함 없이 조그마한 동전 두 개를 헌금함에 넣었다. 부자들은 그녀 곁을 밀치듯 지나가며 많은 돈, 풍부한 중에 나온 돈을 헌금함에 집어넣었지만(막

12:41-42), 그녀는 들어올 때처럼 눈에 띄지 않게 조용히 물러갔다.

그녀가 과연 눈에 띄지 않았을까? 예수님께는 그렇지 않았다. 예수님은 성전 안에 계셨다. 예수님께서 아버지의 집을 방문하시는 것도 얼마 남지 않았다. 며칠 있으면 성전 광장 맞은편에 있는 동산에서 붙잡혀 십자가에 달리실 것이다. 중요한 일이 일어나려 했다. 역사상 가장 의미심장한 일이 벌어지는 순간이다. 그렇지만 예수님은 하나님께 동전 두 닢을 드린 한 가난한 과부를 눈여겨보셨다.

예수님은 사람들이 헌금함에 돈 넣는 것을 보고 계셨다. 부자가 돈을 많이 집어넣는 것을 보셨다. 그것은 좋은 일이다. 하지만 그들의 헌금은 그들의 풍요한 재산에 비하면 아무것도 아니었다. 그러던 중 한 과부가 왔다. 예수님은 그녀가 드린 두 렙돈이 그녀의 전부라는 것을 알고 계셨다. 그녀는 사랑하는 하나님께 세상에서 가지고 있는 소유 전체를 드렸던 것이다. 그 동전은 성전의 비용을 충당하는 데에는 터무니없이 부족했다. 동전 두 개로 무엇을 살 수 있겠는가?

당신과 하나님의 관계에서 헌금이 중요한 부분을 차지하는가?
당신은 풍성한 가운데 드리는가, 아니면 희생하며 드리는가?

예수님은 그녀의 헌금이 너무도 귀해서 제자들의 주의를 집중시키셨다. 그리고 "이 가난한 과부는 헌금함에 넣는 모든 사람보다 많이 넣었도다. 그들은 다 그 풍족한 중에서 넣었거니와 이 과부는 그 가난한 중에서 자기의 모든 소유 곧 생활비 전부를 넣었느니라."(막

12:43-44) 말씀하셨다. 주님께서는 얼마를 냈느냐보다 얼마가 남아 있느냐가 더 중요했다. 그리고 헌금하는 사람에게 돈이 무엇을 의미하는지에 관심을 가지셨다. 즉 그 여인에게 돈은 그녀의 모든 것이었다.

당신에게 돈은 무엇인가? 돈에 대한 당신의 태도가
당신의 행동에 어떻게 영향을 끼치는가?

사실 돈 자체는 하나님께 아무 가치가 없다. 바울은 이렇게 기록했다. "우주와 그 가운데 있는 만물을 지으신 하나님께서는 천지의 주재시니 손으로 지은 전에 계시지 아니하시고, 또 무엇이 부족한 것처럼 사람의 손으로 섬김을 받으시는 것이 아니니, 이는 만민에게 생명과 호흡과 만물을 친히 주시는 이심이라"(행 17:24-25). 하나님은 헌금보다 그 동기에 관심이 있으시다. 그분은 사람이 돈을 꽉 쥐려 한다는 것을 아신다. 사람들은 하나님께서 건강과 바른 마음, 그리고 은혜를 주셔야만 돈을 벌 수 있다는 사실을 종종 잊는다(잠 10:22; 딤후 1:7). 그리고 '내 돈으로 내가 하고 싶은 것을 할 수 있다'고 생각한다. 하나님께 돈이 필요해서 사람들이 헌금하기를 바라시는 것이 아니다. 하나님은 단지 사람들이 돈을 올바로 사용하기 원하신다. 어떤 사람이 하나님께 자기의 재산을 드리면, 하나님은 그가 하나님을 사랑하기 때문에 드린다는 것을 아신다. 그가 모든 것(자기의 재산까지도)을 하나님과 나누기 때문이다. 그러면 하나님은 오병이어의 기적처럼 그 돈의 실제 가치를 증가시키신다(눅 9:12-17). 하나님은 그것으로 이적을 일으키실 수 있다. 모든 것을 하나님과 나누는 사람은 하나님의 축복으로 작은 것에서 큰일이 이루어진다는 것을 발견한다.

하나님께서 당신이 드린 돈을 넘치도록 늘리실 수 있다고 믿는가?
그것이 어떤 모습으로 이루어질까?

그녀가 하나님을 위해 모든 수입의 10분의 1을 내야 한다는 엄격한 구약의 율법 아래에서 신약의 헌금 분위기를 알고 있었다는 것이 놀랍다(레 27:30, 32). 십일조는 성전을 맡은 레위 족속에게 지불되었다. 모든 유대인이 그 의무에서 벗어날 수 없었다. 심지어 레위 족속까지도 자기들이 받은 돈의 십일조를 다시 내야 했다(민 18:21, 25-30). 그러나 신약 시대에는 달랐다. 그때는 엄격한 규제도, 정해진 금액도 없었다. 헌금의 동기는 율법이 아닌 사랑으로 다스려졌다. 그리고 그 사랑은 율법의 제한을 받는 자발적인 표현이 되어야 했다. 이러한 원리를 따르는 사람은 주는 기쁨을 누린다. 그래서 신약 시대의 사람들은 정기적으로(고전 16:2), 그리고 겸손하게 드렸다(마 6:2-4).

당신은 어떤 동기로 헌금하는가? 의무감으로 드리는가, 혹은 습관인가?
어떻게 해야 사랑의 마음으로 드릴 수 있는가?

그 여인은 하나님께서 아들을 세상에 내어주시려는 것을 알고 있었을까? 그 위대한 사랑을 알았을까? 그것이 완전한 헌신으로 하나

님에 대한 자기의 사랑을 증명하려 했던 이유일까? 그녀는 헌금이 부자들에게만 허락된 특권이 아님을 알고 있었다. 가난한 사람에게도 기회가 있다. 가난한 사람이 자기 소득에서 드릴 수 있는 비율은 부자와 다르지 않다. 실제 금액은 적지만 그 비율은 같을 수 있다.

하나님을 섬기는 데 드려진 돈은 엄청난 잠재력과 영원한 가치를 지닌다. 이런 말이 있다. "천국에 돈을 가지고 갈 수는 없지만, 미리 보낼 수는 있다." 과부의 두 렙돈처럼 돈은 영원한 가치를 위해 사용될 수 있다. 그런 돈은 하늘나라에 투자한 자본이 된다(빌 4:17).

그녀의 삶이 조금만 드러난 것이 아쉽다. 그녀의 희생적인 헌금에 감동을 받으신 주님께서 어떻게 그녀를 돌보셨는지 안다면 흥미로울 것이다. 주님께서 솔로몬을 통해 이렇게 말씀하시지 않았는가. "네 재물과 네 소산물의 처음 익은 열매로 여호와를 공경하라. 그리하면 네 창고가 가득히 차고 네 포도즙 틀에 새 포도즙이 넘치리라"(잠 3:9-10). 또한 십일조를 드리는 자에게 복을 부어주시겠다고 약속하시지 않았는가(말 3:10). 그 가난한 과부는 자기 돈의 일부를 드리는 것으로 만족하지 않았다. 그녀는 100퍼센트를 드리기 원했다. 하나님은 결코 빚을 지시는 분이 아니므로, 그녀가 받을 축복은 무한하다. 한 가지만은 분명하다. 그녀는 유월절을 누구보다 훌륭하게 기념했다.

하나님은 순종을 귀하게 여기시며 다양한 방식으로 복을 주신다.
지금 당신은 어떤 복을 받고 있는가?

**HER NAME
IS WOMAN:
BELIEVERS
AND
LEARNERS**

22

예루살렘의 마리아

가정이 하나님의 집 역할을 하게 한 여인
(행 12:1-17)

나는 하나님께서 이 집과 이후에 여기서 살 모든 사람에게
가장 좋은 복을 내려주시기를 기도한다.
정직하고 지혜로운 자만이 이 지붕 아래 살게 하소서.
_ 존 애덤스(John Adams)

 예루살렘의 밤이 깊었다. 몇 시간 전에 등불을 껐기 때문에 이스라엘의 모든 집이 캄캄했다. 그러나 마리아의 집에는 모든 불이 환하게 켜져 있었다. 다만 철저히 창문을 가려 놓았기 때문에 밖에서는 아무도 그 불빛을 볼 수 없었다. 거리에 있는 사람들이 집 안에서 무슨 일이 일어나고 있는지 알 수 없었다.
 집 안에 있는 사람들이 나쁜 일을 하기 때문에 밝게 드러나지 않는 것일까? 절대로 아니다. 마리아의 집 안에 있는 사람들은 예수 그리스도를 따르는 그리스도인들이었다. 그들은 얼마 동안 이 집에서 함께 모이고 있었다.
 그들은 소수의 무리를 이루고 있었다. 믿는 자에 대한 너무도 무서운 핍박이 일어났기 때문에 많은 사람이 예루살렘 성 밖으로 도망갔

다(행 8:1). 뒤에 남은 사람들은 계속 위험에 처해 있었다. 체포당해서 감금될 신변의 위험이 그들 머리 위에 놓여 있었다. 그들은 부유한 미망인 마리아가 자기 가정을 그들 마음대로 쓰도록 내놓은 것을 고마워했다.

"우리 집은 넓어요. 그러니 우리 집에서 모이면 어떨까요? 우리 집이 교회 건물 역할을 할 수 있을 거예요." 마리아는 자신의 삶을 염려하는 것 같지 않았다. 하나님을 사랑했기에 그녀는 많은 사람이 오가는 것, 그리고 일과 비용 등의 불편을 당연한 것으로 받아들였다.

그와 같이 예루살렘의 마리아는 용감하고 희생적인 면모를 드러냈다. 이 상황에서의 그녀는 유대인 지도자들이 예수님을 죽이려고 했을 때(요 11:53-57, 12:1-11) 마르다와 마리아가 주님을 맞아들이기를 두려워하지 않았던 것과 흡사하다. 그녀는 초대 교회에서 없어서는 안 될 중요한 연결고리였다.

마리아는 그리스도를 섬긴 다른 여인들의 본을
어떤 방식으로 따랐는가?(눅 8:1-3)
성경에서 자기 집을 하나님이 쓰시도록 내어드린 다른 여인들의 이름과
그들이 기여한 내용을 정리해보라(왕상 17:10-22; 왕하 4:8-11).

성경은 그녀의 집을 "마리아의 집"이라고 부른다(행 12:12). 마리아의 남편은 죽었을까? 그래서 그녀가 하나님께 더욱 헌신한 걸까? 그녀는 지난날 주님께서 그분을 신뢰하는 미망인들에게 그분의 능력을

증명하셨던 사실을 알고 있었을까? 엘리야 선지자가 기근의 시기에 한 미망인에 의해 생존하지 않았던가!(왕상 17:7-16) 성전 안에서 아기 예수님을 보고(눅 2:25-38) 그분의 예루살렘 입성을 전하는 특권을 누렸던 최초의 여인, 선지자 안나 역시 미망인이 아니었던가!

하나님은 종종 세상의 연약한 사람
(여기서는 남성 지배 사회에서 남편이 없는 한 여인)을 능력 있게 쓰신다.
하나님께서 언제나 여인들을 귀하게 여기고
능력 있게 하시는 것을 보며 어떤 생각이 드는가?

그날 밤 그리스도인들이 집에 돌아가지 않고 함께 모여 있었던 이유는 긴급한 일 때문이었다. 그들은 큰 어려움 가운데 있었다. 베드로가 헤롯 아그립바 왕에 의해 체포되어 있었다(행 12:1-3).

사도들이 행하는 표적과 기사에 시기심이 생긴 유대인 지도자들은 전에도 신도들을 감옥에 가두었고(행 5:17-20), 하나님께서는 친히 천사들을 보내 하나님의 종들을 감옥에서 석방시켜 주셨다. 하지만 여전히 그들을 반대하는 사람들이 있었고, 스데반의 피가 흐른 뒤에도(행 7:57-60) 사람들은 더 많은 피를 바랐다.

헤롯에게는 아무런 선을 기대할 수 없었다. 예수님과 예수님을 따르는 자들에 대한 증오심은 왕의 가문에 스며들어 있었다. 그의 할아버지 헤롯 대왕은 베들레헴에 있는 아이들을 살해했던 자로 역사 속에 영원히 기록되어 있지 않은가(마 2:16). 또한 그의 자손 헤롯 안티

바스는 세례 요한의 목을 베었다(마 14:1-12). 그리고 헤롯 아그립바는 최근에 요한의 형제이며 예수님의 제자인 야고보의 목을 베어버렸다(행 12:1-2). 베드로 역시 어쩌면 대중 앞에서 죽음을 당하게 될지 모른다. 그러면 사람들은 왕이 예수님을 따르는 자를 어떻게 생각하며 그들을 어떻게 취급하는지 볼 것이다.

신자들은 베드로에게 이 세상에서의 마지막 날이 될지 모르는 그 날 밤에 함께 모여 기도했다. 그러는 동안 베드로는 두 손이 쇠사슬에 묶인 채 감옥에 갇혀 깊이 잠들어 있었다. 그는 다음 날 무슨 일이 일어날지에 대해 걱정하지 않았기에 잠을 이루지 못할 이유가 없었다. 16명의 군인도 그가 잠자는 것을 방해할 수 없었다(행 12:4, 6).

한밤중에 자다가 깨면 종종 염려를 하게 된다.
염려가 스며들 때 어떻게 하면 믿음으로 이길 수 있을까?

그러나 어느 누구도 그를 석방시킬 수는 없었다. 그는 바깥세상과 완전히 차단되어 묶여 있었다. 뚫을 수 없는 벽이 그와 자유세계를 가로막았다. 파수꾼이 지키고 있어서 도저히 뚫고 나갈 수 없었다. 그래서 "교회는 그를 위하여 간절히 하나님께 기도했다"(행 12:5 참조). 밖으로 나가는 길은 닫혀 있었지만, 위로 가는 길은 열려 있었다.

어려움을 겪을 때 당신은 신실한 친구들에게 기도를 부탁하는가?

헤롯 아그립바는 베드로의 친구들이 그를 구할 수 없다는 것을 확인하고 싶어 했다. 그러나 그 친구들은 기도의 무기를 가지고 있었고, 헤롯 왕은 그것을 막을 힘이 없었다.

그리스도께서는 승천하시기 전에 기도와 관련해서 여러 가지 약속을 주셨다. "진실로 다시 너희에게 이르노니 너희 중의 두 사람이 땅에서 합심하여 무엇이든지 구하면 하늘에 계신 내 아버지께서 그들을 위하여 이루게 하시리라"(마 18:19). "두세 사람이 내 이름으로 모인 곳에는 나도 그들 중에 있느니라"(마 18:20). "너희가 기도할 때에 무엇이든지 믿고 구하는 것은 다 받으리라"(마 21:22). 또한 계속 구하여 마침내 원하는 것을 받은 한 과부의 예를 드시며 기도할 때 낙심하지 말라고도 격려해주셨다(눅 18:1-8).

제자들은 그 약속에 능력이 있다는 것을 알고 있었다. 비록 예수님께서 이 땅에 계시지 않는다 해도 그 약속들은 여전히 효력이 있었다. 제자들은 예수님이 하늘에서 그들의 기도를 지지하시고, 그들을 위해 중보하시며(히 7:25), 그들에게 응답해주시리라는 것을 믿고 있었다.

―

당신은 기도에 대한 예수님의 약속을 믿는가?
당신의 기도를 전혀 듣지 않으시는 것처럼 느껴진 적이 있는가?
당신이 아는 성경말씀에 비추어볼 때,
오늘날 하나님의 약속이 어떻게 지켜지고 있는가?

―

마리아의 집에 모인 그리스도인들은 의인의 기도는 큰 힘이 있고 놀라운 결과를 가져온다는 사실(약 5:16)을 믿고 있었다. 그래서 그들은 이사야 선지자의 말대로 하나님을 쉬지 못하게(사 62:7) 했고, 결국 하나님께서 응답하시는 일이 일어났다. 신의 초자연적인 전달자 천사가 베드로의 감옥으로 내려왔다. 천사가 이르자 밤의 어두움은 사라졌고, 쇠사슬도 풀어져 땅에 떨어졌다.

천사는 베드로의 쇠사슬을 풀어준 다음 잠긴 문의 방해도 받지 않고 그를 밖으로 인도했다. 천사가 간수들을 귀머거리와 맹인으로 만들었기 때문에 그들은 무슨 일이 일어나고 있는지 전혀 알지 못했다. 잠에서 깨어난 베드로는 꿈을 꾸는 것 같은 일을 겪었다. 그 순간 자기가 깨어 있는지 잠들어 있는지도 알지 못한 채 그는 어느새 밖에 서 있었다(행 12:7-9).

신자들은 무슨 일이 일어났는지 알지 못했다. 하지만 베드로는 마리아의 집으로 오는 중이었다. 그는 곧 자기가 꿈을 꾸고 있는 것이 아님을 깨달았다. 자기가 자유케 되었음을 하나님께 감사드리며 곧장 마리아의 집으로 향했다(행 12:10-12).

그리스도인들이 박해를 받던 때에 베드로가 피할 곳을 찾아
당신 집 앞에 왔다면 어떤 기분이 들겠는가?
마리아의 어떤 특성이 투옥이나 죽음의 가능성을 무릅쓰게 했는가?

신자들은 수세기 전에 살았던 이사야를 통해 하나님께서 하신 말

씀의 진리를 경험했다. "그들이 부르기 전에 내가 응답하겠고 그들이 말을 마치기 전에 내가 들을 것이며"(사 65:24).

─────

당신이 구하기도 전에 하나님께서 도와주신 적이 있는가?
그 경험을 통해 무엇을 배웠는가?

─────

오순절에 성령이 임하신 뒤, 많은 그리스도인이 집과 재산을 팔아 그 돈을 가난한 성도들에게 나누어주었다. 마리아는 자기의 넓은 집을 팔지는 않았지만, 그 집을 교회의 뜻에 맡겼다.

─────

마태복음 18장 19-20절에 비추어 당신의 집이
하나님의 영광과 교회를 위해 사용될 수 있는 방법을 말해보라.

─────

마리아는 개인적으로 하나님께 인도함을 받은 독립적인 여인이었다. 그녀는 하나님을 섬기는 자신만의 길이 있다는 것을 깨달았다. 그녀는 자기 소유를 판 돈으로 하나님과 이웃을 섬길 수 있었지만 하나님의 인도하심을 따라 그 소유 자체를 필요로 하는 사람들과 함께 사용함으로써 하나님을 섬겼다.

그녀는 성령께서 그리스도인들에게 나누어주신 은사가 제각기 다르다는 것을 이해했다.

그리스도의 교회는 모자이크와 같다. 교회는 여러 가지 형태와 색깔로 되어 있다. 또한 그녀는 자신만의 방법으로 그리스도를 섬기면서 그리스도를 가까이했던 여인들의 전통을 계승했다(눅 8:3). 그녀는 교회의 모자이크에서 자신의 자리를 지켰다. 그녀의 일은 대중의 눈에 더 탁월해 보이는 사람들의 일만큼 중요했다. 교회에서 그녀의 영향력은 부정할 수도, 대치될 수도 없었다. 하나님께서는 복음을 전파하는 베드로의 여행과 다시 이적을 행할 수 있는(행 3:6-8, 5:15) 기회를 예루살렘의 마리아 같은 사람에게 의존하게 하셨다. 교회 안에 그녀만의 역할이 있었다.

당신의 영적 은사는 무엇인가?
하나님께서 주신 어떤 능력이
교회 안에서 당신의 역할을 하게 하는가?

하지만 그것이 그녀가 가진 기회의 전부는 아니었다. 그녀는 요한 마가의 어머니였다(행 12:12). 그녀는 어머니로서 자기 아들이 주님을 섬기는 것을 보며 기뻐했다. 그녀의 삶은 외부 사람에게만 영향을 준 것이 아니었다. 자기 아들에게도 영향을 주었다. 하나님께서 자기 아들에게 주신 기회를 통해 그 어머니에게 보상하셨을까?

요한 마가는 바울과 바나바의 조력자가 되는 예외적인 특권을 받았다(행 12:25, 13:5). 훗날 그는 "내 아들"이라고 사랑스럽게 부른 베드로의 여행 동반자가 되었다(벧전 5:13). 하나님의 왕국에서 그 위대한 세 사람과의 교제가 마가에게 어떤 의미를 주었으며, 그것이 그의 인격에 얼마나 큰 영향을 미쳤는지 상상할 수 있다.

성경은 마리아의 이름을 단 한 번만 언급하며, 강조점도 그녀가 아닌 그녀의 집에 있다. 전해오는 이야기에 따르면 그 집은 예수님께서 제자들과 함께 마지막 만찬을 하셨던 다락방이 있는 바로 그 집이라고 한다.

마리아의 남은 생애는 베일에 가려져 있다. 그러나 언젠가는 하나님께서 모든 사람의 행위를 기록해두신 그분의 기록장이 펼쳐질 것이다(말 3:16). 오직 그때야 비로소 마리아가 하나님의 왕국에 어떤 의미를 주었는지 분명해질 것이다.

당신이 하나님 나라를 위해
드러나지 않게 하고 있는 일은 무엇인가?
오직 하나님의 영광을 위하여 한 일은
하늘에서 칭찬을 받게 된다는 사실을 알고 힘을 내라.

그때까지는 그녀가 미망인이든 아니든, 모든 여인에게 자극제가 될 것이다. 그녀는 자기 가정을 하나님의 뜻에 맡긴 경건한 여인이 얼마나 엄청난 영향을 미칠 수 있는지 보여주었다.

**HER NAME
IS WOMAN:
BELIEVERS
AND
LEARNERS**

23

다비다

하나님을 사랑한 여인
(행 9:36-42; 롬 12:4-8; 약 1:27)

젊은 여인이 결혼하지 않은 그대로의 자신을 받아들이는 것은
그녀가 미혼 상태에서도 자신의 여성적인 특성을
최대한으로 사용할 수 있을 만큼 자유롭다는 것을 의미한다.
_ 폴 트루니에(Paul Tournier)

다비다는 특별한 여인이 아니었다. 그녀가 잘하던 일은 바느질뿐이었다(행 9:39). 아무도 그것을 뛰어난 일이라고 하지 않았다. 그러나 다비다에게는 한 가지 재능이 있었다(마 25:14-29). 그것 역시 눈에 띄지는 않았다. 아마도 그녀는 이렇게 생각했을 것이다. '나는 미리암 같은 선지자도 아니고, 드보라처럼 나라를 다스릴 수도 없으니 역사적으로 큰일을 할 사람은 아니야. 나에겐 그런 재능이 없으니까.'

당신이 하나님께 드릴 수 있는 것이
보잘것없다고 생각한 적이 있는가?
하나님께서 당신의 은사를 어떻게 사용하기 원하시는 것 같은가?

결혼하고 어머니가 되는 것 역시 그녀를 지나쳐버렸다. 그렇지 않았다면 그녀는 남편과 아들을 통해 간접적으로 사회에 영향을 끼칠 수 있었을 것이다. 역사적으로 이스라엘 왕의 운명이 종종 그의 어머니에 의해 결정되지 않았던가(왕상 1:11-31).

하지만 다비다에게는 성경에 나오는 다른 모든 여인을 능가하는 것이 하나 있었다. 그녀는 '제자'로 불린 유일한 여자다(행 9:36). 그녀는 예수님을 따르는 제자였고 그것으로 인해 모든 것이 변화되었다.

제자도가 무엇인가?
예수님의 제자가 되면 어떤 모습으로 변화하는가?

그녀는 예수님을 따르기 전에 마음을 열어 주님을 영접했다. 예수님은 그녀의 주님이 되시기 전에 그녀의 구세주가 되셨다. 그리고 그녀는 예수님을 구세주로 받아들이는 것에서 그치지 않았다. 믿음은 단순히 하나님과 교제하는 것 이상이다. 믿음은 다른 사람을 섬기는 데 사용되며, 진정한 믿음은 행위로 나타난다. 그리스도를 따르는 사람은 그리스도께서 그러셨던 것처럼 사람들의 마음을 움직이게 한다. 다비다는 창조적으로 자기 인생 최고의 목표를 향하여 모든 것을 하기 원했다. 따라서 제자로서 자기에게 주어지는 모든 일을 했다. 특별히 그녀는 가난한 과부들을 위해 바느질을 했다. 자신의 능력을 최대한으로 발휘하며 바느질을 했다.

지중해 연안에 위치한 욥바에는 과부들이 많았다. 날씨가 궂을 땐

배가 파선되어 많은 어부들이 물에 빠져 죽었다. 그러면 그들의 아내는 남편뿐 아니라 수입원까지 잃어버렸다. 그 당시에는 아무런 사회 보장 제도도 없었지만, 그것이 필요하지도 않았다. 왜냐하면 하나님께서 그분의 백성들에게 과부와 고아들을 잘 돌보라고 여러 번 말씀하셨기 때문이다(출 22:22-24; 신 10:17-18). 사람들이 하나님의 명령에 순종한다면 과부들은 부족한 것이 없을 것이며, 사람들은 하나님께서 그들에게 약속하신 보상으로 충만한 복을 누릴 것이다(신 14:29, 24:19).

―――

당신 주변의 고아와 과부는 누구인가?
문자적으로는 고아와 과부가 아닐 수 있지만
생계가 어려운 사람들이 있다.
당신과 교회가 그들을 어떻게 보살필 수 있는가?

―――

하나님께서는 그들의 남편이 되어주겠다고 약속하셨다(사 54:4-5). 그들은 하나님의 특별한 보호와 돌보심을 누렸다. 제자인 다비다는 무엇이 주님을 기쁘시게 하는지 알고 있었다. 그것은 하나님께서 특별한 방법으로 관심을 가지신 그 사람들을 돌보는 것이었다. 때문에 그녀는 자기 일을 마지못해 하지 않았다. 그것은 그녀에게 단순한 심심풀이가 아니었다. 마음속에 명확한 목표를 가지고 했다. 그녀는 하나님을 사랑했기에 온 마음을 다해 그 일을 했다. 예수께서 그녀의 마음속으로 들어가셨을 때 다비다는 자유로운 여인이 되었다. 예수님은 자신이 진리라고 하셨다(요 14:6). 또한 그분으로 말미암아 자유케 된 자는 참으로 자유하리라고 말씀하셨다(요 8:32, 36). 다비다는 이 자유에 근거하여 움직였다.

당신의 일이 하나님이 주신 소명이라고 여기는가?
하나님을 향한 당신의 사랑이 그 일을 하는 자세에 영향을 주는가?

성경에서는 다비다가 미혼 여성이라고 생각할 만한 여지를 남겨둔다. 하지만 그것이 그녀에게 열등감으로 인한 좌절감을 느끼게 하지는 않았던 것 같다. 그녀는 주변의 결혼한 여자들과 겨루려 하지 않았다. 자녀를 가진 어머니들을 시기하지도 않았다.

삶의 과정이나 직업, 대인관계 등에서
다른 사람들과 경쟁의식을 느끼는가?
다른 사람들을 향한 당신의 태도가 믿음에 어떻게 영향을 미치는가?

다비다는 그 시대 여인들보다 훨씬 앞서 있었다. 그녀는 스스로 독특한 일을 함으로써 성취감을 경험했다. 오늘날 욥바에 살고 있는 많은 여자들은 틀림없이 그녀의 위치와 기꺼이 바꾸려 들 것이다. 다비다는 바느질을 하면서 실제적인 필요를 채웠다. 하지만 자신을 위해서는 별로 요구하지 않았다. 자신보다는 남을 위해 살았다. 그것이 바로 그녀가 행복했던 이유다.

욥바에 있는 많은 과부들은 다비다가 지어준 옷을 입고 있었다. 그녀에 대한 고마움이 커져갔다. 혼자 살고 있었던 다비다는 과부들의 도덕적이고 영적인 뒷받침을 해줄 수 있었다. 그녀는 외로운 여인들을 이해했고, 그들과 이야기를 나누었다.

결과적으로 그녀는 자기의 잠재력을 이용함으로써 교회 안에서 중요한 사람이 되었다. 그런데 갑자기 충격적인 일이 벌어졌다. 다비다가 병이 나서 죽은 것이다(행 9:37).

누군가 그곳에서 약 16킬로미터 떨어진 룻다에 베드로가 있다는 것을 기억했다. 그래서 급히 사람을 보내 그를 불러왔다. 그들은 베드로가 초자연적인 능력을 소유하고 있다는 사실을 알고 있었다. 베드로의 그림자가 덮였을 때 병든 자가 나았다는 소식을 들었다(행 5:15). 베드로와 요한이 앉은뱅이를 고쳤다는 소식도 들었다(행 3:1-10). 따라서 그들의 모든 소망은 그에게 집중되었다. 베드로는 죽은 시신을 뉘어 놓은 다락방에서 울고 있는 여자들에게 둘러싸여 있었다. 그들은 베드로에게 자신들이 다비다를 몹시 그리워하며, 그녀 없이는 살아갈 희망이 없다고 말했다. 그러면서 다비다가 자기들을 위해 지어준 옷을 베드로에게 보였다(행 9:39).

대체로 죽은 사람에 대해서는 좋은 것만 이야기한다. 그러나 다비다의 경우에는 남아 있는 사람들이 그녀의 죽음을 얼마나 애통해하는지 분명하게 나타났다. 그들에 대한 다비다의 사랑은 그들도 다비다를 사랑하게 만들었다. 베드로는 비슷한 상황에서 예수님이 하셨던 대로 했다(막 5:40-42). 그는 모든 사람에게 방에서 나가도록 요청한 뒤에 기도했고, 하나님의 능력으로 다비다는 다시 살아났다(행 9:40).

주위 사람들을 어떻게 사랑하고 있는가?
그들에 대한 사랑이 더해가는 것을 어떻게 보여줄 수 있는가?

성경에는 죽었다가 다시 살아난 일곱 명의 사건이 기록되어 있다. 그들 중 다비다는 유일한 성인 여자다. 다비다가 다시 살아났다는 소식은 욥바의 이야깃거리가 되었다. "들었어요?" 사람들이 서로 외쳤다. "다비다가 다시 살아났대요! 베드로 사도가 다비다를 다시 살렸대요"(행 9:41-42).

그 일로 또 다른 주목할 만한 일이 일어났다. 사람들은 하나님께서 이적을 일으키셨음을 깨닫고 다비다나 베드로가 아닌 하나님께 영광을 돌렸다. 이 사건을 통해 사람들은 삶의 공허함을 깨달았다. 또한 주 예수님을 믿기 원했다. 그들은 삶의 진정한 가치를 이해하기 시작했고, 다비다처럼 예수님께 속하기 원했다. 삶의 새로운 소망을 가진 새로운 사람, 즉 그리스도인이 되기를 원했다.

사람들이 그리스도를 주목하도록 그들을 섬기고 있는가?
어떻게 하면 당신의 행동을 통해 복음을 전할 수 있는가?

오래전 여호와께서 모세에게 물으셨다. "네 손에 있는 것이 무엇이냐?" "지팡이니이다." 그가 대답했다. "그것을 가지고 가서 일하라." 하나님께서 말씀하셨다. "그러면 너는 내 종이 되리라"(출 4:2-5 참조).

만약 하나님께서 다비다에게 똑같은 질문을 하셨다면 그녀는 아마도 이렇게 대답했을 것이다. "주님, 바늘과 실입니다." 그러면 하나님께서는 그것이 바로 그녀가 하나님을 섬길 수 있는 도구라는 것을 보여주실 것이다.

―――

하나님이 모세에게 하신 질문에 당신은 어떻게 대답하겠는가?
그 대답이 하나님을 섬기는 당신의 방법에 대해 무엇을 보여주는가?

―――

다비다의 삶과 죽음과 부활은 복음 전파에 도움이 되었다. 베드로는 하나님에 대해 묻는 사람들을 위해 잠시 동안 욥바에 머물렀다(행 9:43).

다비다는 그녀가 살던 도시와 나라의 경계선을 넘어 복음을 전파하는 운동을 시작했다. 간접적으로 위대한 복음 전도자가 되었다. 오늘날에도 다비다처럼 예수 그리스도의 이름으로 전 세계 수많은 사람을 먹이고 입히는 단체들이 있다.

다비다의 영향을 받은 수많은 여인들의 숫자를 어떻게 셀 수 있을까? 그녀의 빛나는 본보기는 결코 사그라들지 않을 것이다. 그것은 모든 제자들이 따라야 할 최고의 본보기다.

**HER NAME
IS WOMAN:
BELIEVERS
AND
LEARNERS**

24

로이스와 유니게

하나님 말씀의 능력을 확신했던 여인들
(딤후 1:5, 3:14-17; 행 16:1-3)

> 주 예수님은 내게 살아계신 실체였다.
> 내가 어렸을 때 어머니는 예수님이 어린이들을 얼마나 사랑하시고,
> 그들 마음속에 살기를 얼마나 원하시는지 이야기해주셨다.
> 언제인지 모르지만,
> 나는 분명히 주님께 내 마음속에 들어와달라고 요청했다.
> _ 코리 텐 붐(Corrie Ten Boom)

    로이스와 유니게의 이름은 서로 분리될 수 없다. 그들이 어머니와 딸의 관계이기 때문이 아니라 성경말씀에 대한 그들의 진실한 믿음과 견해 때문이다. 그러나 무엇보다 중요한 것은 유니게에게는 아들이요, 로이스에게는 손자인 디모데에 대한 그들의 공동 관심이다.

    그들의 이름은 성경에 단 한 번밖에 나오지 않는다. 그렇다고 해서 그들의 삶이 중요치 않다거나 그들의 영향력이 적다는 결론을 내려서는 안 된다. 오히려 그 반대다. 가장 위대한 복음 전도자 중 한 사람이요, 디모데에게 쓴 두 편지를 포함하여 신약의 대부분을 쓴 사도 바울에게 미친 그들의 지울 수 없는 감동으로 인해 그들의 이름은 역사 속에 영원히 기록되어 있다.

당신의 가정에 대를 잇는 믿음이 있는가?
그러한 믿음을 만들기 위해 어떤 일을 하고 있는가?
대를 이은 믿음은 반드시 혈연관계에 국한되지 않는다.
바울이 디모데를 양육한 것처럼
하나님이 우리에게 보내주신 사람을 통해 영적인 대를 이어갈 수 있다.

AD 67년경 바울이 로마에서 디모데에게 보낸 마지막 편지에 다음과 같은 말이 적혀 있다. "나는 네 신실하고 거짓 없는 믿음을 생각한다. 네가 그리스도 안에서 하나님을 전 인격적으로 알고 하나님의 능력과 선하심과 지혜를 절대적으로 믿고 확신하며, 네 외조모 로이스와 네 어머니 유니게의 마음속에 영원히 살아있던 믿음이 이제 네 안에도 거하는 것을 나는 확실히 안다"(딤후 1:5 참조).

몇 년 전 네로 황제가 다스리는 동안 그리스도인에 대한 핍박이 시작되었고, 황제 자신이 저지른 끔찍한 화재를 그리스도인들에게 비난의 화살을 돌림으로써 극에 달했다. 그런 식으로 황제는 자기가 그리스도인들을 핍박하는 구실을 만들었다.

전해오는 이야기에 따르면 바울이 그 핍박에 희생되었다고 한다. 로마 감옥에서 죽음을 기다리던 바울은 그의 "믿음의 아들"(딤전 1:2 참조) 디모데에게 편지를 썼다. 그는 마지막으로 한 번 더 충실하고 사랑하는 동역자를 만나게 되기를 간절히 고대했다(딤후 4:9). 바울은 이 세상에서의 자신의 삶이 끝나간다는 것을 알고 있었다(딤후 4:6). 그의 사역은 거의 완성되었다. 그러나 디모데(그리고 다른 사람들)를 통한 사역은 계속될 것이다. 그 편지로 많은 여행에서 바울과 동행했던 사람, 즉 바울이 다른 교회로 보낸 동역자는 자기 지도자요, 교사로부터 마지막 교훈을 받을 것이다. 그 교훈은 디모데가 다른 사람들과 바울에게서 물려받은 일을 수행하는 데 도움이 될 것이다(딤후 4:2).

하나님 나라를 위하여 어떤 일을 하고 있는가?
그 일을 함께하는 동역자는 누구인가?

바울이 자기가 선한 싸움을 싸우고 의의 면류관을 받을 기대 속에 살고 있다고(딤후 4:7-8) 쓸 수 있는 이유 중 하나는 디모데와 관계가 있다. 바울은 그가 디모데에게 준 영적 도움이 거기서 끝나지 않을 것을 확신하고 있었다. 디모데가 이미 자신이 배운 교훈을 마음속에 간직하고 있다는 것을 증명했기 때문이다. 다시 한 번 바울은 자기 앞에 놓여 있는 과제에 디모데를 초대했다. "너와 다른 많은 사람들이 나에게서 들은 것을 사람들에게 가르쳐야 한다. 그 위대한 진리를 믿을 만한 사람들에게 가르쳐서 그들이 또 다른 사람들에게 전달하게 하여라"(딤후 2:2 참조).

당신이 성경의 진리를 전해줄 수 있는
충성된(믿을 만한) 사람은 누구인가?

바울의 그 가르침은 20여 년 전 루스드라에서 시작되었다. 아마도 그가 그 지방을 처음 방문하여 말씀을 전하고 있을 때 디모데를 만난 것 같다(행 14:6-7). 처음부터 바울은 그 소년의 고상한 인품과 하나님을 경외하는 생활 방식에 감동을 받았다. 뿐만 아니라 디모데가 그 지방 그리스도인들과 부근 이고니온에 사는 사람들에게 좋은 평판이 나 있다는 것을 발견했다(행 16:2). 적절한 훈련으로 그는 하나님을 섬기는 일에 유용한 도구가 될 수 있었다. 그는 어려서부터 성경말씀에서 가르침을 받아왔기 때문이다. 디모데가 회심한 직후, 바울은 그가 하나님을 섬기도록 돌보며 세심하게 훈련했다.

하나님의 말씀에 잠기는 데 얼마나 시간을 할애하는가?
당신의 성경공부가 당신의 태도와 행동에 영향을 주는가?

그러나 디모데에게 최초로 훈련을 시킨 사람은 바울이 아니었다. 로이스와 유니게의 지도 아래 수년 전에 이미 시작되었다. 바울은 다른 사람들이 씨를 뿌린 것을 거둔 것이다.

그 소년이 태어났을 때 부모는 '하나님을 경외하는 자'라는 의미인 '디모데'라는 이름을 지어주었다. 그 이름은 아마도 헬라인인 아버지보다 유대인인 어머니의 영향인 듯하다(행 16:3). 하나님을 경외하는 유니게가 왜 이방인과 결혼했는지는 알 수 없다. 거기에 로이스의 동의가 있었는지도 알려져 있지 않다. 어쩌면 두 여인은 그 당시에 그리스도인이 아니었는지도 모른다. 그러나 유니게의 남편은 유니게가 믿던 하나님을 만나지 못했고, 따라서 디모데는 할례를 받지 못했다.
어렸을 때 아버지가 죽었을까? 그래서 어머니에게 맡겨진 걸까? 미망인이 된 유니게가 생활비를 벌어야 했기에 소년의 교육이 그의 외조모에게로 돌아갔을까? 아무튼 디모데는 성경말씀으로 양육되었다. 그 가르침은 그가 하나님께 아무리 감사해도 충분하지 않을 만큼 귀중한 특권이었다. 그는 어머니와 외조모 덕분에 종교적인 교육을 받았다. 어릴 때부터 그는 하나님의 말씀을 배웠다(딤후 2:15).

어릴 때 성경을 배웠는가?
그 경험이 나중에 성경을 대할 때 어떤 영향을 주었는가?

로이스와 유니게는 다음과 같이 생각하지 않았다. '그를 중립적으로 키우자. 그래서 나중에 그가 스스로 결정하게 하자.' 또한 이렇게 변론하지도 않았다. '디모데는 아직 너무 어려. 나중에 그가 좀 더 잘 이해할 수 있을 때 말씀으로 양육하는 게 좋겠어.'
로이스와 유니게는 성경에 큰 가치를 두고 일찍이, 그리고 철저하게 디모데가 성경을 접하도록 모든 기회를 마련했다. 그들은 디모데에게 그저 신학적인 지식만 넣어주지 않았다. 매일매일 자신들의 삶을 통해 믿음이 실제로 어떻게 적용되어야 하는지 보여주었다. 그것이 디모데의 인격을 결정하는 데 큰 도움이 되었다. 물론 그들은 그들의 지식만큼만 교육할 수 있었다. 유대 여인으로서 외국 땅에 살고 있었던 그들은 구약성경 이상을 알지 못했다. 기대하던 메시아가 나사렛 예수님이라는 인간으로 오셨다는 것과 그분이 죄를 용서해주신다는 것도 몰랐다. 그리스도를 믿는 모든 사람이 하나님과 만날 수 있다는 소식은 바울을 통해 알려졌다. 또한 어머니와 외조모의 믿음이 그 소년을 구원하지는 못했다. 그는 스스로 예수 그리스도를 위한 개인적인 선택을 해야 했다. 바울처럼 그도 예수 그리스도께서 죄인을 구원하러 이 세상에 오셨음을 믿어야 했다(딤전 1:15; 행 16:31). 그리고 자기가 죄인이라는 사실을 받아들여야 했다.

장차 복음의 전달자가 될 자신이 먼저 복음을 믿어야 했다. 즉 그는 예수 그리스도께서 성경말씀대로 죽으시고 장사 지낸 바 되었다가 죽은 자 가운데서 다시 살아나셨다는 것을 믿어야 했다(고전 15:1-4). 더불어 자기의 삶을 그리스도께 맡겨야 했다.

성경과 신앙생활에 대한 지식과 예수 그리스도에 대한 믿음 중 어느 것을 더 의지하는가?

당신의 지식이 제자리를 잡으려면 무엇을 수정해야 하는가?

수년 전 바울이 루스드라에 도착했을 때, 하나님께서는 이사야의 예언이 사실임을 증명하셨다. 하나님의 말씀은 헛되지 않다. 그것은 하나님께서 목적하신 일을 이룰 것이다(사 55:11). 유니게의 아들이며 로이스의 손자인 디모데는 바울에게 "주 안에서의 아들"이 되었다. 즉 복음을 통해 바울 사도가 그리스도 예수 안에서 그의 아버지가 되었다(고전 4:15, 17). 어머니와 할머니가 성령의 능력으로 민감한 어린

아이의 마음속에 풍부한 말씀을 심었기에, 바울의 말씀 전파 후 그것이 새로 태어나는 결과를 가져왔다(벧전 1:23).

어쩌면 로이스와 유니게는 옛날 저 유명한 솔로몬 왕이 기록한 대로 하나님께 간구했을지 모른다. "마땅히 행할 길을 아이에게 가르치라. 그리하면 늙어도 그것을 떠나지 아니하리라"(잠 22:6). 디모데는 먼저 그리스도인이 되었고, 다음에 하나님의 대사요 예수 그리스도의 메신저가 되었다(고후 5:20). 또한 그는 사람들에게 복음의 소식을 전하는 자가 되었다(딤후 4:5). 그의 삶은 영원한 가치를 얻었다. "많은 사람을 의로 돌이켰기에 궁창의 빛과 같이 빛날 것이다"(단 12:3 참조).

디모데후서 3장 16-17절에 의하면,
성경이 사람을 어떻게 준비시켜 하나님을 섬기게 하는가?

어머니와 할머니가 자신들이 가르친 것에 대해 얼마나 더 풍성한 열매를 기대할 수 있겠는가? 그들은 디모데가 복음 전파하는 일을 시작했을 때 얼마나 깊이 감사했을까! 로이스와 유니게가 디모데에게 히브리 율법을 가르친 것은 디모데의 중생의 기초만 세운 것이 아니었다. 그것은 또한 그의 일생의 사역을 준비시켰다.

나이가 들어가면서 디모데는 하나님을 섬기기 위해
어떤 일을 했는가?(신약성경을 통해 디모데의 삶 전체를 살펴보라)

디모데가 아직 소년일 때 바울의 이전 동역자 바나바 대신 바울과 함께 루스드라를 떠났다. 무거운 사역이 그를 기다리고 있었다. 그는 그의 연약한 육체를 해칠지도 모르는 긴 여행을 하게 되었고, 민감하고 수줍은 그의 성격으로는 견디기 힘든 어려움에 부딪히게 되었다.

매일매일 디모데는 로이스와 유니게가 그에게 준 하나님의 말씀이 필요할 것이다. 그는 그 말씀에 붙어 있어야 하며, 그 말씀으로 살아야 하고, 영원을 위한 준비로 그 말씀을 사용해야 할 것이다. 또한 매일매일 그 말씀 없이는 아무것도 할 수 없을 것이다. 그 말씀은 그의 위로요, 그의 힘이요, 그의 한계다.

하나님의 말씀이 삶을 대하는 자세에 중요한 영향을 미치는가?
일상생활에서 당신은 성경을 어떻게 사용하는가?

하나님의 일꾼이 되기 위해, 자기 일을 해내고 모든 선한 일을 할 준비를 갖추기 위해 디모데는 말씀을 지침으로 삼았다. 그는 말씀에서 교훈을 받을 것이며, 그 말씀에 의해 고침을 받을 것이다. 말씀은 그가 계속 경건한 사람이 되도록 교육시킬 것이다. 디모데가 가정에서 사랑하고 순종하도록 배운 그 말씀은 또한 그에게 영감을 주어, 다른 사람에게 성경의 진리를 가르치는 필요한 도구가 된다는 사실을 증명할 것이다.

로이스로부터 유니게와 디모데에게로 연결된 믿음의 고리는 거기서 그치지 않았다. 많은 사람이 디모데를 통해 믿음을 갖게 되었을 것이며, 복음을 전파하도록 자극을 받고 교육을 받았을 것이다. 그는 바울이 죽을 때까지 그의 동역자로 남아 있었다. 바울이 이 세상에서의 마지막 시간에 디모데에게 자기에게로 와서 위로하도록 부탁한 것은 서로 간에 맺었던 그들의 애정을 보여준다(딤후 4:9).

유니게와 로이스는 하나님이 디모데를 위해 가지고 계셨던 위대한 계획을 알지 못했다. 모니카 역시 자기 아들 어거스틴이 교회사에서 맡을 역할을 알지 못했다. 빌리 그레이엄의 어머니도, 그 많은 사람이 자기 아들의 사역을 통해 그리스도인이 될 것을 알지 못했다. 그들의 사랑하는 아들을 축복해주시도록 하나님을 신뢰하고 있는 어머니와 할머니를 위해 하나님께서는 놀라운 일을 이루신다.

당신이 어머니라면, 하나님께서 그분의 영광을 위해
당신의 자녀를 사용하시도록 기도하는가?
어머니가 아니라면, 어떤 자녀를 위해 기도할 수 있는가?

소아시아(오늘날의 터키)에 살고 있었던 눈에 띄지 않는 두 여인, 로이스와 유니게의 삶은 몹시 단조로운 일상이 될 수 있었다. 하지만 그들 이후로 성경이 수백 개의 언어로 번역되고, 수백만 부가 배부되었다. 독자들은 지금까지도 하나님 말씀의 능력과 그것이 인간의 삶에 미치는 영향을 확신했던 두 여인을 계속 만나고 있다.

사명선언문

너희가 흠이 없고 순전하여……세상에서 그들 가운데 빛들로
나타내며 생명의 말씀을 밝혀 _ 빌 2:15-16

1. 생명을 담겠습니다
만드는 책에 주님 주신 생명을 담겠습니다.
그 책으로 복음을 선포하겠습니다.

2. 말씀을 밝히겠습니다
생명의 근본은 말씀입니다.
말씀을 밝혀 성도와 교회의 성장을 돕겠습니다.

3. 빛이 되겠습니다
시대와 영혼의 어두움을 밝혀 주님 앞으로 이끄는
빛이 되는 책을 만들겠습니다.

4. 순전히 행하겠습니다
책을 만들고 전하는 일과 경영하는 일에 부끄러움이 없는
정직함으로 행하겠습니다.

5. 끝까지 전파하겠습니다
모든 사람에게, 땅 끝까지, 주님 오시는 그날까지
복음을 전하는 사명을 다하겠습니다.

서점 안내

광화문점 서울시 종로구 새문안로 69 구세군회관 1층
02)737-2288 / 02)737-4623(F)

강남점 서울시 서초구 신반포로 177 반포쇼핑타운 3동 2층
02)595-1211 / 02)595-3549(F)

구로점 서울시 동작구 시흥대로 602, 3층 302호
02)858-8744 / 02)838-0653(F)

노원점 서울시 노원구 동일로 1366 삼봉빌딩 지하 1층
02)938-7979 / 02)3391-6169(F)

일산점 경기도 고양시 일산서구 중앙로 1391 레이크타운 지하 1층
031)916-8787 / 031)916-8788(F)

의정부점 경기도 의정부시 청사로47번길 12 성산타워 3층
031)845-0600 / 031)852-6930(F)

인터넷서점 www.lifebook.co.kr